DU DROIT PUBLIC

ET DU DROIT DES GENS.

TOME II.

DU DROIT PUBLIC
ET DU DROIT DES GENS,

OU

PRINCIPES

D'ASSOCIATION CIVILE ET POLITIQUE;

SUIVIS D'UN PROJET DE PAIX GÉNÉRALE ET PERPÉTUELLE.

PAR J. J. B. GONDON,

Respice res bello varias.
AEneid. lib. xii.

PARIS,

IMPRIMERIE DE BRASSEUR AÎNÉ.

1807.

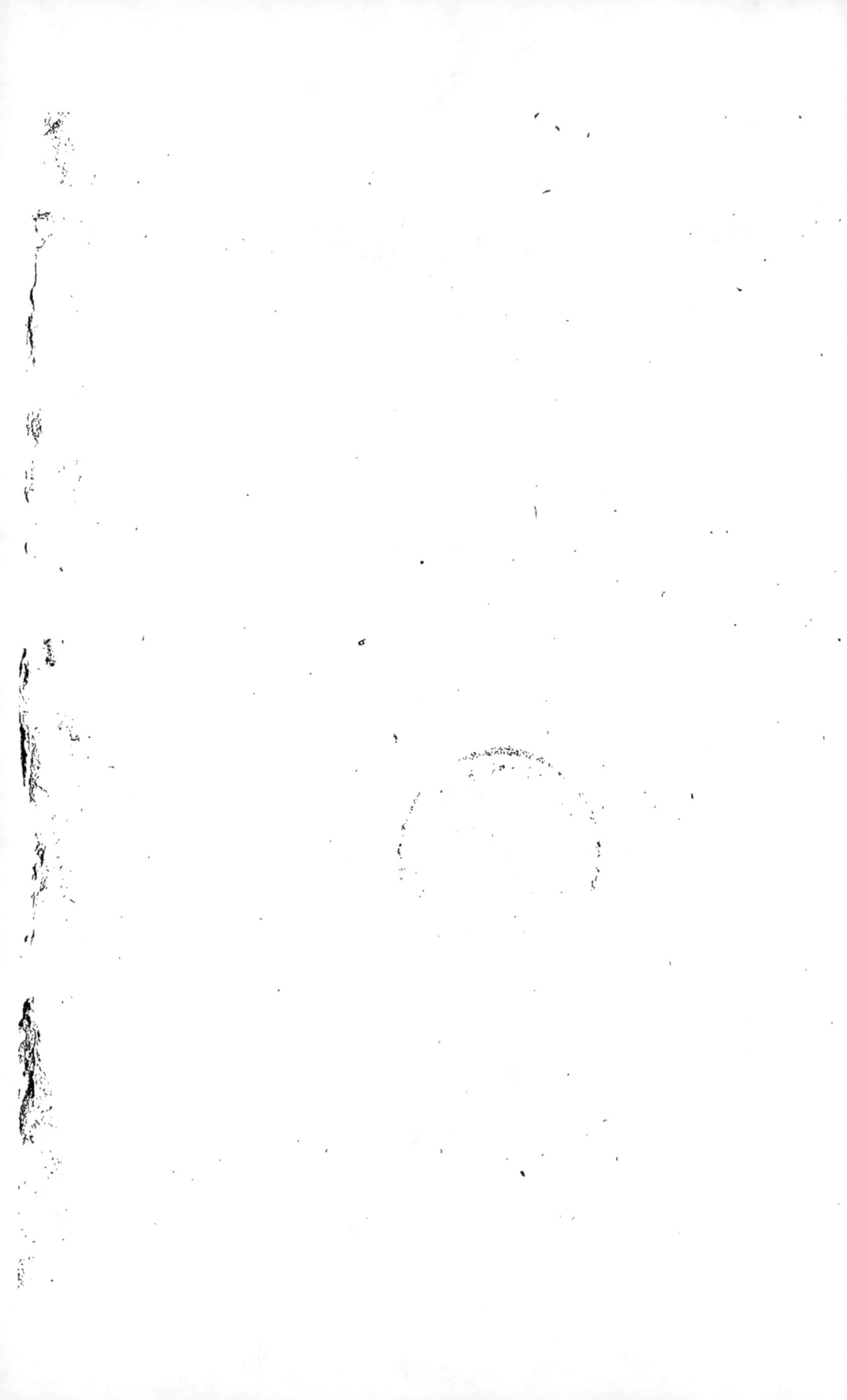

DU DROIT PUBLIC

ET DU DROIT DES GENS,

OU

PRINCIPES D'ASSOCIATION

CIVILE ET POLITIQUE.

~~~~~~~~~~~~~~~~~~~~~~~~~~~~~~~~

LIVRE QUATRIÈME.

De la guerre dans ses rapports avec les différentes conditions de l'homme.

~~~~~~~~~~~~~~~~~~~~~~~~~~~~~~~~

CHAPITRE PREMIER.

De la Guerre en général.

La guerre, dans la signification la plus étendue, est le choc qui résulte du rapprochement des contraires. Il y a des guerres dans l'ordre physique et des guerres dans l'ordre moral : les unes appartiennent aux êtres corporels, et s'appellent *réelles* ou *effectives* ; les autres

2.   I

appartiennent aux êtres spirituels, et s'appellent *idéales* ou *imaginaires*. Par exemple, un homme vient à se battre avec un homme ; voilà une guerre réelle ou effective : un animal se bat avec un animal ; voilà une autre guerre effective : deux écrivains cherchent à se critiquer l'un et l'autre ; voilà une guerre idéale ou imaginaire : plusieurs passions se disputent la proie d'un cœur violemment agité ; voilà une autre guerre imaginaire.

Nous voyons dans le monde physique deux autres espèces de guerres effectives : l'une a lieu entre les corps solides ; telle est celle de deux comètes qui viennent à se rencontrer : l'autre a lieu entre les corps fluides ; telle est celle des flots d'une mer qui se courrouce : et quoique ces divers corps ne soient mus que par une cause étrangère, le choc qui résulte de leur rapprochement n'est pas moins réel.

Une troisième espèce de guerre effective peut avoir lieu entre des corps inanimés par eux-mêmes, mais mouvables par une cause étrangère ; c'est celle qui résulte du combat des divers élémens, laquelle peut s'appeler *guerre composée*.

Il y a aussi des êtres qui sont en quelque sorte spirituels, et même invisibles, dont la guerre est effective; telle est celle des vents qui luttent les uns contre les autres.

Il faut encore distinguer les guerres *homogènes* des guerres *hétérogènes* : les premières sont celles qui ont lieu parmi des êtres de la même espèce; telles sont, par exemple, celles de plusieurs enfans avec plusieurs enfans, de plusieurs taureaux avec plusieurs taureaux, qu'on peut appeler *guerres spéciales* : les secondes sont celles qui ont lieu entre des êtres d'une nature différente; telles sont celles des hommes avec des bêtes féroces, des tigres avec des léopards, qu'on peut appeler *guerres mixtes*, avec la différence pourtant que celle qui a lieu parmi des animaux raisonnables et des animaux irraisonnables est plus réellement *mixte* que celle qui n'a lieu que parmi des animaux irraisonnables. Or, comme de toutes ces guerres celle de l'homme est la seule qui soit relative à mon sujet, je vais parler seulement des différentes espèces de guerres auxquelles il est exposé.

CHAPITRE II.

De la Guerre primitive.

LES premiers hommes qui ont vécu sur la
terre n'ont d'abord été que des animaux fa-
rouches, qui se sont fuis les uns les autres : ils
n'étaient pas obligés de se battre entr'eux
pour s'arracher leur pâture, puisque dans
la simplicité de leur vie ils trouvaient partout des alimens pour se nourrir et des huttes
pour se loger.

L'homme, dans l'état de nature, a dû faire
la guerre aux bêtes féroces plutôt qu'aux
animaux de son espèce, soit parce qu'il ré-
pugnait à sa raison d'attaquer son semblable;
soit parce que, le nombre des autres animaux
étant plus considérable, il a eu plus d'occasions d'être en guerre avec eux; soit parce
que des êtres d'une espèce différente de la
sienne lui ont causé plus d'ombrage; soit
parce qu'il a fallu qu'il les égorgeât pour se
nourrir de leur chair et se couvrir de leur
peau; soit parce qu'il a reconnu qu'un autre
homme, étant doué des mêmes facultés que lui,

pouvait le repousser; soit enfin parce qu'il a
senti qu'il pouvait en recevoir du secours; et
quand il s'est réuni en société il l'a fait dans
la vue de se fortifier et de se prémunir contre
la voracité des bêtes féroces. Alors les animaux
malfaisans ont fui loin de sa demeure pour
se retirer dans les bois.

Au commencement de la société les hommes
n'eurent pas d'abord de propriétés distinctes;
ils possédèrent la terre en commun, et tant que
cet ordre de choses exista ils vécurent en paix;
car un individu n'aurait rien gagné à s'approprier la portion d'un autre dès lors qu'ils devaient posséder tout en commun. (1) Ils n'étaient
donc pas dans le cas de se disputer aucune
propriété, parce que chacun y avait son droit
particulier; et ce ne fut que quand l'un voulut
exclure l'autre de la commune possession,
pour se procurer plus de jouissances, que la

---

(1) Avant que le droit de propriété fût établi les hommes
s'aidaient réciproquement de leurs forces et de leur
adresse; parce moyen ils jouissaient de tous les avantages
que la société pouvait leur procurer dans un état où ils
n'étaient pas encore à demi civilisés; car la civilisation,
qui a multiplié les produits de l'industrie, n'est parvenue
à un certain degré de perfection qu'après l'établissement de la propriété.

discorde éclata parmi eux. Il put se faire aussi
que ceux qui étaient plus laborieux ou plus
sobres, demandassent la division des biens et
la distinction des propriétés, pour ne pas partager avec les autres les fruits de leur travail
ou de leurs épargnes ; car sans le droit de
propriété, sans cet aiguillon de l'industrie
humaine, l'avantage étant du côté de la paresse,
chacun serait resté dans l'oisiveté, et le genre
humain aurait péri, par la raison qu'il eût
été indifférent de travailler ou de ne rien
faire sur une terre dont le produit ne pouvait plus nourrir ses habitans, et pour mieux
dire ses colons.

Après que les hommes eurent fait le partage égal des biens pour que chacun jouît
de sa propriété, les uns devinrent plus laborieux ou plus économes que les autres; et
l'inégalité s'étant bientôt introduite par la
différence de leur activité ou de leur conduite, il s'éleva tout à coup parmi eux des
jalousies qui furent le germe des dissentions
et des guerres qui les détruisirent.

Mais la guerre se serait également allumée parmi les hommes quand même ils n'auraient pas fait ce partage; car il aurait été
impossible qu'ils continuassent de jouir en

commun de tous les fruits que la terre leur prodigue, sans en concevoir de la jalousie, de l'ambition, de l'avarice, et de la haine, parce que le desir d'accroître sans peines leurs jouissances, et l'envie par conséquent de s'approprier le produit des labeurs d'autrui auraient bientôt armé les plus prodigues contre les plus économes, les plus fainéans contre les plus laborieux; car, quoique l'homme soit né pour le travail, il est naturellement porté à la paresse; et les plus entreprenans ou les plus forts auraient trouvé plus commode d'enlever les récoltes que de cultiver les champs; de sorte que le produit de la sueur de l'homme juste et laborieux serait devenu le partage ou plutôt la proie de l'homme injuste et fainéant. N'a-t-on pas vu dans tous les tems l'appât du butin réunir des hommes sous la conduite de quelque chef pour aller exercer le brigandage?

Du reste, pour que la paix pût subsister dans cette communauté des biens il aurait fallu aussi que, comme chacun avait un droit égal aux mêmes choses; tout le monde travaillât également pour l'utilité commune, n'étant permis à aucun de rester oisif, puisque chacun aurait eu ses besoins, et n'aurait pu

les satisfaire qu'aux dépens de la masse commune; et comme, indépendamment de toute
volonté et par la seule différence du tempérament, les uns auraient plus consommé
et moins travaillé que les autres, il se serait
encore élevé entr'eux des jalousies, des disputes et des guerres à raison de cette inégalité physique et involontaire qui aurait
détruit la règle de proportion, pour ne plus
balancer le produit avec la dépense à l'égard
de tous les membres de la société.

Certainement il n'aurait pas été avantageux aux hommes de conserver dans la société la commune possession des biens; car
leur droit égal sur toutes choses leur serait
devenu inutile et funeste, par cela même
qu'ils s'en seraient privés réciproquement:
pour lors tout aurait appartenu à chacun,
et personne n'aurait eu aucune jouissance;
ce qui aurait formé le plus étonnant des
contrastes, vu que tout homme, ayant le
même droit, eût pu également s'approprier les mêmes choses. Ajoutons à cela
le penchant naturel qu'ils ont de se nuire
les uns aux autres, et nous verrons que
l'homme équitable et paisible n'eût cessé
d'être en butte aux coups de l'homme injuste et violent.

L'expérience nous démontre tous les jours que les hommes étroitement attachés à leurs intérêts particuliers, et pleins d'une ambition démesurée, se seraient égorgés mutuellement dans la société s'il n'avait été adjugé à chacun d'eux une propriété distincte ; car sans le partage des terres, qui a eu lieu parmi les citoyens de chaque état, l'usurpation eût été le seul moyen de les acquérir, et la guerre civile s'en serait nécessairement ensuivie : or, c'est par la distinction des propriétés que nous jouissons des choses dont nous serions privés ; je veux dire des productions de l'industrie, qui n'existeraient pas sans la paisible possession que les lois nous en assurent.

Il était donc étrangement dans l'erreur *Platon* quand dans sa *république*, il voulait introduire la communauté des biens pour faire cesser les désordres qu'entraîne la distinction des propriétés ! Ce législateur ne voyait pas qu'il tombait dans un inconvénient beaucoup plus grand que celui qu'il voulait éviter ; il ne voyait pas qu'une confusion générale serait encore plus funeste aux citoyens d'un état que des disputes particulières. J'avoue que le partage des biens est la source

ordinaire des querelles des hommes; mais si
pour éteindre celles-là il faut en susciter
d'autres plus grandes, il vaut mieux alors
laisser les choses telles qu'elles doivent être.
Il y a plus; en faisant disparaître le droit de
propriété on ramènerait les hommes dans
cet état sauvage où l'on ne connaissait d'autre
loi que celle du plus fort; dans cet état où le
plus faible, ayant droit sur tout, n'avait la
jouissance de rien; dans cet état où l'on ne
voyait ni émulation, ni talent, ni industrie
parmi les hommes, qui ressemblaient à des
brutes.

Si dans l'état de société l'homme avait gardé
le droit sur toutes choses qu'il avait dans
l'état de nature, il s'en serait ensuivi nécessairement une guerre perpétuelle par les spo-
liations qui n'auraient cessé d'avoir lieu entre
les citoyens : or, il a été favorable à l'intérêt
particulier et à l'intérêt général que chacun
ait cédé une partie de ce droit pour jouir
paisiblement de l'autre.

Toutefois il y a des choses dont la propriété
doit être publique, parce qu'elles ne peuvent
être divisées; tel est l'usage des chemins, des
fontaines, des rivières, des églises et des
temples; mais vouloir établir la communauté

des biens à l'instar de ces choses-là serait voulo irprendre l'exception pour la règle. Il faut considérer que chacun peut également marcher sur un grand chemin , prendre de l'eau à une fontaine et entrer dans un temple, sans porter atteinte au droit d'autrui, parce que l'usage en étant pleinement suffisant , tous y peuvent prendre tour à tour leur portion individuelle : mais il n'en est pas de même des biens qu'on ne peut posséder en commun, et qui demandent un certain travail pour produire des avantages réels et propres à ceux qui le font.

Enfin, en établissant la communauté des biens, il aurait fallu que tous les habitans restassent cultivateurs , et se privassent par conséquent des avantages des autres arts, ou qu'ils s'appliquassent les uns à la culture des champs, les autres aux différens métiers; et qu'ils échangeassent ensuite le produit de leurs divers travaux ; ce qui aurait compliqué davantage la machine politique; il aurait fallu faire des lois pour régler l'administration et la culture des terres , pour fixer les frais de leur exploitation, pour répartir proportionnellement leurs fruits; et le partage des récoltes aurait entraîné plus de discordes et plus d'injustices que la division des propriétés.

Il semble que dans les premiers âges les hommes, vivant encore de la chasse, ou de la pêche, ou du produit des troupeaux, ne devaient point faire la guerre à cause de la modicité de leurs besoins; mais comme par un penchant naturel l'homme aspire toujours à un plus grand bien-être à raison du développement de ses facultés intellectuelles, et que, par un intérêt mal entendu, il veut s'approprier des choses qui ne sont pas à lui, il a pris les armes contre son semblable pour lui enlever jusqu'à sa nourriture.

Il faut pourtant convenir que les premiers peuples, par la simplicité de leur vie, n'ayant encore que les besoins de la nature, avaient moins de sujets de se faire la guerre; mais à mesure que l'esprit humain eut fait naître des besoins factices ou composés en créant des objets de pur agrément, de pure fantaisie, l'homme devint avide, ambitieux ; et, voyant que les jouissances se multipliaient davantage chez son voisin, il s'arma pour lui arracher les fruits de son travail ou de son industrie : or, celui-ci ayant voulu se défendre, la guerre s'alluma parmi eux. Cela est prouvé par l'exemple des peuples

qui sont encore sauvages : la plupart des
Tartares ne vivent chez eux que de bétail,
et cependant ils font des courses chez leurs
voisins pour leur enlever leurs subsistances ;
les Cafres, les Nègres et les Sauvages de
l'Amérique mènent une vie très - sobre et
très-simple, et néanmoins ils se répandent
dans les pays cultivés pour s'emparer de
leurs productions.

CHAPITRE III.

De la Distinction des Guerres humaines.

Trois espèces de guerres peuvent avoir lieu parmi les hommes ; la guerre particulière , la guerre civile , et la guerre étrangère : la première, qui est celle d'un homme avec un autre homme, est un combat *singulier;* la seconde, qui est celle d'une faction avec une autre faction , est un combat *pluriel particulier;* la troisième, qui est celle d'un peuple avec un autre peuple, est un combat *pluriel général.*

Le combat *singulier,* ou le duel, a été la première des guerres humaines, parce qu'elle a eu lieu parmi les hommes encore dispersés, qui ne connaissaient alors d'autres armes que le bâton et la massue. Le combat *pluriel particulier,* ou la guerre civile, a été la seconde des guerres humaines, parce qu'elle a eu lieu parmi les habitans du même état , qui ont fait alors usage de la fronde, de la pique, de la lance , de la hallebarde, de la flèche, du sabre et de l'épée. Le combat *pluriel général*, ou la guerre étrangère, a été la troisième des guerres humaines, parce qu'elle a éclaté parmi les peuples de l'univers, qui, après s'être servis long-tems des arcs, des balistes et du bélier, ont inventé la poudre et fabriqué les fusils, les canons et les bombes, pour se battre d'une manière plus terrible, et se tuer à une plus grande distance par les coups invisibles qu'ils se portent au milieu des détonations les plus effroyables.

Il est hors de doute que les hommes ont commencé par se battre un à un, parce que cette guerre est celle qui est dérivée de leur premier état, c'est à dire de leur rapport individuel, qui dans l'isolement où ils se sont trouvés leur a inspiré de la crainte; qu'ensuite ils ont dû se battre intérieurement en grand nombre, parce que cette guerre est celle qui est dérivée de leur second état, c'est à dire de leur rapport civil, qui dans leur réunion particulière leur a donné de la jalousie; et qu'enfin ils ont dû se battre extérieurement en nombre encore plus considérable, parce que cette guerre est celle qui est dérivée de leur troisième état, c'est à dire de leur rapport politique, qui dans leur réunion

générale leur a causé de l'ambition ou de la
haine; car, comme les hommes commencent
toujours leurs entreprises par l'endroit qui
leur paraît le plus simple, et par conséquent
le plus aisé, ils ont dû s'unir un à un avant
de s'unir par centaines, et ils ont dû s'unir
par centaines avant de s'unir par milliers :
ainsi, la guerre particulière a introduit à la
guerre civile, et la guerre civile a introduit.à
la guerre étrangère. En effet, il a fallu combattre au nombre de deux avant de pouvoir
combattre au nombre de cent, et il a fallu
combattre au nombre de cent avant de pouvoir combattre au nombre de mille. La première de ces guerres est plus facile et plus
prompte que la seconde, et la seconde est plus
facile et plus prompte que la troisième.

Il est si vrai que le combat singulier, ou
d'homme à homme, a précédé le combat pluriel particulier, et que le combat pluriel particulier a précédé le combat pluriel général,
que dans les guerres civiles et étrangères on
se bat encore, autant qu'il est possible, un à
un, puisqu'on compte les combattans de part
et d'autre.

Par un abus de nos institutions politiques
l'homme, dans l'état social, a raffiné et multi-

plié les combats singuliers, qui, suivant l'ordre
des choses, ne devraient avoir lieu que dans
l'état sauvage. Il semble que ce n'était pas
assez de se détruire en masse par les guerres
civiles et par les guerres étrangères; il a voulu
se détruire encore en détail par les duels,
avec plus d'adresse et avec des armes plus
meurtrières qu'il n'avait pas dans l'état sauvage. C'est ainsi qu'il a conservé et même
aggravé au sein de la société les maux que
la civilisation devait faire disparaître. A présent je vais parler de chaque guerre en particulier.

CHAPITRE IV.

Du Duel.

Nous avons défini le duel un combat singulier que deux hommes se livrent en particulier. Cet usage nous est venu des Germains qui le pratiquaient pour décider leurs différends : c'était là son motif, et pour le même objet il a été en honneur chez les Francs jusqu'à *saint Louis*, qui l'abolit ou le modifia; alors sur une contradiction juridique, c'est à dire sur deux preuves, l'une affirmative et l'autre négative, le juge ordonnait le duel; et la folle superstition d'un siècle barbare consacrait cet usage comme un moyen sûr de parvenir à la vérité, et faisait croire que par une permission divine le coupable périssait toujours. C'est ainsi que les hommes réduisent en principes les préjugés les plus féroces en consacrant ce qu'il y a de plus profane, et en profanant ce qu'il y a de plus sacré.

La superstition des anciens peuples de la Germanie était si grande sur ce point, que le résultat des combats singuliers s'appelait *un jugement de Dieu :* c'était le nom qu'on donnait à cette folie d'un gouvernement go-thique et féroce ; abus d'autant plus difficile à déraciner qu'il était fondé sur une espèce de droit civil.

Dans ce tems d'ignorance les combats sin-guliers avaient du moins un motif, puisqu'ils servaient à vider les actions civiles et cri-minelles ; mais aujourd'hui ils n'ont pas même d'excuse. Pour une chimère de point d'hon-neur on va risquer sa vie de part et d'autre, et l'on devient coupable d'homicide ou de suicide, comme si l'on avait le droit d'attenter à ses jours, de même qu'à ceux de son sem-blable. Ainsi, par un funeste préjugé, on sa-crifie les affections les plus douces aux pas-sions les plus féroces ; on immole présente-ment à un transport de fureur des sentimens de tendresse qu'on pourrait satisfaire désor-mais ; et, en courant de l'un ou de l'autre côté à une mort certaine, on devient à la fois *suicide,* c'est à dire homicide de soi-même, et *filiicide,* c'est à dire assassin des enfans qu'on pourrait faire naître.

Ces horribles combats s'engagent ordinai-rement dans les lieux de débauche, dans les maisons de jeu, dans les salles de spectacle,

dans les bals, dans les cafés, dans les pro-
menades, dans les cabarets, etc., etc.; c'est
là que, dans l'ivresse des passions, dans les
transports de la colère, on se provoque réciproquement à l'assassinat, qu'on s'y porte jour-
nellement des défis mortels. Ces combats abo-
minables s'engendrent encore dans le tête à
tête, dans les discussions, dans les pourpar-
lers : parce qu'on ne peut se convaincre par
des raisons, on a recours aux armes; et par
une orgueilleuse témérité, par un caprice
sanguinaire, par une opinion absurde, par
une erreur grossière, par une folie impar-
donnable, par une sotte présomption, ce
combat est devenu inévitable : de là il résulte
que l'homme prive de ses embrassemens une
femme qui l'aime s'il est bon époux; de ses
soins des enfans qui le chérissent s'il est bon
père de famille, et de ses services l'état
qui le protège s'il est bon citoyen : mais comment aura-t-il ces trois qualités s'il sacrifie à
un barbare préjugé tous les devoirs que la nature et la société lui imposent ?

On a érigé en art les combats singuliers,
pour se tuer avec plus d'adresse, comme si l'on
n'était pas déjà trop habile pour s'égorger.
On dira que l'escrime apprend à éluder les

coups de son adversaire : d'accord ; mais
quand chaque spadassin est parfaiteme ntins-
truit dans le maniement des armes l'avantage est alors égal des deux côtés. On trouve
ici une contradiction entre le principe et la
fin de cette barbare coutume : de part et
d'autre on veut se porter des coups meur-
triers, et l'on cherche pourtant à les éviter ;
personne ne voudrait périr, et cependant il
faut que l'un des champions succombe sous
les coups de son rival. Plus on est versé dans
le maniement des armes, moins le combat singulier est dangereux. Que deux hommes sans
art se battent à l'épée, ils seront plutôt étendus
par terre, parce qu'ils ne sauront parer les
coups qu'ils se porteront mal-adroitement. Si
donc l'art tâche de rendre nul le résultat du
combat, pourquoi apprend-on l'escrime? Il
vaudrait bien mieux ne pas l'apprendre ; on
n'aurait plus alors l'occasion de se battre, et
on ne courrait plus le risque d'être exter-
miné.

L'escrime a été d'abord inventée par
l'ennui ou l'oisiveté ; ensuite elle a satisfait
la fougue ou le caprice d'une jeunesse in-
sensée. Cet art est aussi vain que le point
d'honneur sur lequel on l'a fondé ; il ne sert

de rien au défenseur de la patrie, parce
qu'il ne combat pas l'ennemi commun avec le
même sang froid, ni avec les mêmes armes,
ni avec la même adresse. C'est pourtant
cet art abominable qui transforme en as-
sassins les hommes imbus du funeste préjugé
de l'honneur; car que de sang n'ont pas fait
répandre les duels! Mais ces fameux duellistes
sont-ils plus contens lorsqu'ils ont tué leurs
adversaires? Non sans doute ; car, après avoir
couru la chance du combat, tout ce qui peut
leur arriver de plus avantageux , c'est d'être
plus coupables qu'auparavant, et par conséquent tourmentés par les remords du meurtre
qu'ils ont commis.

Pour réparer une injure, très-souvent pré-
tendue, on s'expose à donner la mort ou à la
recevoir. Quelle proportion peut-il y avoir
alors entre la peine et le crime? Quelle justice que celle qui part d'un transport de fureur, d'un accès de colère! Comment sera-
t-il impartial l'homme qui doit être juge dans
sa propre cause? Comment sera-t-il impas-
sible celui qui se laisse entraîner par la passion? Comment sera-t-il intègre l'homme
qui ne respire que la vengeance? Si la chance
du combat tourne en faveur de l'offensé, la

décision qui interviendra sera inique, parce
que l'offense qu'il a reçue ne mérite pas la
mort de son auteur ; et ce sera bien pis si
l'offensé succombe sous les coups de l'offen-
seur, car il arrive alors que pour se venger
d'un affront il se fait arracher la vie.

-Certes, il faut étouffer la voix de l'humanité et le cri de la nature, renverser les lois
du droit civil et du droit des gens, briser les
liens de la société, fouler aux pieds toute autorité, détruire toute subordination, et s'arroger des titres qui n'appartiennent qu'à la puissance publique, pour oser se faire l'arbitre et
le vengeur d'une offense particulière. Pré-
tend-on laver l'affront dans le sang de celui
qui l'a fait? Quel horrible préjugé! ciel! à
quel fantôme d'honneur sacrifie-t-on l'honneur
véritable! comme si jamais l'honneur pouvait
consister à devenir assassin! Quelle honte
réelle pour sauver une honte imaginaire!

« La cause de la fureur des duels, dit le
comte *de la Noue* dans l'histoire de sa vie,
gît en nos erreurs et folies, et en un faux
honneur : si la noblesse continue de marcher
ainsi égarée tant en parole qu'en faire, elle
ira toujours profanant la vertu et les armes
en se consumant. Il serait bon que le roi, les

princes et les seigneurs blâmassent en public
ceux qui auront ainsi ensanglanté leurs
armes, et montrassent qu'ils les abhorrent
comme gens qui n'ont autre plaisir que de
s'exalter par la mort d'autrui. » Ces paroles
sont trop belles dans la bouche d'un gentil-
homme pour ne pas être rapportées, puisqu'elles font la condamnation du plus horrible préjugé de sa caste.

Au milieu de cette barbarie chevaleresque
il y a eu pourtant des hommes d'un rang
distingué qui se sont élevés avec force contre
ce fatal préjugé. Le comte de *Sales*, attaqué
par un faux brave dont il avait repris les
blasphêmes, lui répondit qu'après avoir dé-
fendu la cause de Dieu il ne devait pas la
trahir pour les fausses maximes d'un honneur
mal entendu.

On sait que les duels sont plus fréquens
dans les états monarchiques, où le préjugé de
l'honneur est mis au-dessus de la vie, et
qu'ils sont plus rares dans les états républicains et dans les états despotiques, où la vertu
dans les uns et la crainte dans les autres en
proscrivent également l'usage. Chez les peuples
belliqueux ou pour mieux dire féroces, ce
combat est commun, parce qu'on s'y pique

d'un honneur qui défend la lâcheté, et ordonne de tenir sa parole; mais il n'y a guère
de bravoure ni de gloire de garder sa parole
pour commettre un assassinat : il y aurait plus
de grandeur d'ame de surmonter ce fatal préjugé, et de ne point consentir à se battre.
« L'honneur d'un homme qui pense noble-
« ment, dit *Rousseau*, (1) n'est point au
« pouvoir d'autrui; il est en lui-même, et non
« dans l'opinion du peuple : il ne se défend
« ni par l'épée, ni par le bouclier, mais par
« une vie intègre et irréprochable; et ce
« combat vaut bien l'autre en fait de cou-
« rage. »

Jadis le duel était très-commun en
France; la légèreté et la forfanterie de ses
chevaliers, dont la plupart avaient une tête
qui ne pensait point, qui, par humeur ou
par caprice, par dépit ou par haine, se portaient des défis à la moindre dispute, avaient
fait du duel une galanterie, et même un devoir. Ce genre de combat, autrefois ordonné
par les parlemens, toléré par les évêques,
autorisé et même soutenu par les rois, s'était

_____

(1) *Nouvelle Héloïse*, 2ᵉ partie, lett. 9.

si accrédité dans ce royaume, qu'il était devenu pour ainsi dire le caractère de la nation; car cette cruelle manie avait passé
jusque chez les gens de la dernière classe:
mais, grace à l'esprit du siècle, on ne voit plus
guère aujourd'hui de duéllistes parmi les Français; c'est un des avantages que la révolution
a procurés : cela vient de ce que la noblesse,
travaillée par les soucis ou par les pertes qu'elle
a essuyées, n'a plus songé à se battre en duel;
ce qui prouve que cette fureur brutale avait
sa source dans l'oisiveté.

Pour extirper entièrement les restes go-
thiques et barbares de cet ancien préjugé il
faudrait une loi qui prononçât la peine de
mort contre tout homme qui aurait tué
son semblable dans un combat particulier:
alors chaque duelliste, étant assuré de périr,
dans la victoire comme dans la défaite, par la
main du bourreau, ou par celle de son adversaire, renoncerait à cette horrible coutume.
Gustave Adolphe, ce fameux conquérant
du Nord, pensant que les combats particuliers
ruinaient la discipline militaire, prononça la
peine de mort contre tous ceux qui se battraient en duel. Après avoir porté cette loi
sévère, deux de ses généraux lui ayant de-

mandé la permission de vider leur querelle à
l'épée, le roi de Suède y consentit, à condition
que le vainqueur aurait la tête tranchée ; ce
qui éteignit à l'instant leur fureur, et leur fit
jurer une éternelle amitié : aussi par la suite
ne fut-il plus question de se battre en duel
dans les armées suédoises.

La source de tous nos abus vient de la to-
lérance ou de l'impunité. Si la reine de
Médicis pendant sa régence n'avait pas
négligé de faire exécuter l'ordonnance de
Henri IV contre les duellistes ; si elle avait
puni le chevalier de *Lorraine* lorsqu'il tua le
baron de *Lux* père, elle aurait conservé la
vie du baron de *Lux* fils, qui périt pour en
tirer vengeance. Ainsi, on doit faire des
lois sévères pour réprimer cette barbarie ;
mais on doit surtout la détruire par des
peines infamantes en inspirant la religion
et les mœurs. Que celui qui aura proposé ou
accepté un duel soit réellement flétri ; qu'on
fasse jurer à un militaire, dès son entrée au
service, de ne jamais s'arroger le droit souve-
rainement injuste de se faire justice lui-même ;
qu'il soit cassé à la tête de son corps et déshonoré, s'il devient parjure à son serment ; que
celui, au contraire, qui aura refusé un appel,

et qui en aura porté sa plainte, soit loué et récompensé; et, par ce double moyen, les combats particuliers ne souilleront plus le sol de la France du sang de ses citoyens.

CHAPITRE V.

De la Guerre civile.

La guerre civile est celle que les habitans du
même pays se font entr'eux; elle dérive ou de
la tyrannie extrême, ou de la faiblesse excessive, ou de l'ambition sans bornes, ou de la
licence effrénée, ou des mœurs corrompues,
ou de l'intolérance religieuse, ou du fanatisme
impitoyable, ou de quelque autre excès révoltant : or, dans tous les cas elle cause au
genre humain des maux incalculables; car
c'est la plus cruelle de toutes les guerres, celle
dont le nom seul fait frémir d'horreur, qui
brise à la fois les liens les plus sacrés de nation et de famille.

Cette guerre est plus ou moins désastreuse,
selon la forme du gouvernement où elle éclate,
et suivant l'esprit du peuple qui s'y abandonne;
elle est moins terrible dans la monarchie que
dans la république, et elle est plus terrible dans
la démocratie que sous le despotisme. Dans le
premier état elle est ordinairement étouffée
par un seul homme armé de la force publique,

et n'est qu'un trouble momentané; dans le second état elle est appaisée par quelques magistrats s'ils sont d'accord (chose assez rare); mais elle dure toujours davantage : dans le troisième état, chaque citoyen étant absolument indépendant, on ne peut lui opposer de rempart, et elle devient un fléau permanent qui finit par tout détruire, à moins qu'un état étranger ne vienne étouffer la discorde elle-même : dans le quatrième état enfin, où un seul homme exerce toute la puissance souveraine de la manière la plus absolue, il s'agit souvent moins d'une guerre civile que d'une révolution; il suffit que la tête du despote tombe pour appaiser l'émeute populaire; car autant il est facile de réprimer un seul homme qui abuse de son autorité, autant il est difficile de réprimer tout un peuple qui n'a d'autre souverain que lui-même. Or, telle est la différence qu'il y a du gouvernement démocratique au gouvernemént despotique, qu'ici le despote étant par ses violences la cause occasionnelle du trouble, on peut lui opposer toute la nation; et que là, tous les particuliers étant la cause efficiente du trouble, on ne peut leur opposer aucun individu, ou pour mieux dire aucun rempart. Telle est aussi la différence qui se trouve entre le gouvernement monarchique et le gouvernement républicain : là le souverain, ayant toutes les troupes sous sa dépendance, n'a qu'à donner des ordres pour arrêter la sédition : ici le sénat travaillera souvent en vain pour l'éteindre, ou parce qu'il emploiera trop de tems à délibérer, ou parce que ses membres différeront d'opinions.

La raison pour laquelle la guerre civile est plus funeste dans les républiques que dans les monarchies ; c'est que la guerre civile est un désordre qui dérive de l'imperfection, ou plutôt de la dégradation du gouvernement. Or, l'état monarchique, quoique moins parfait par essence et par principe, étant par le fait meilleur que l'état républicain, est moins sujet aux dissentions civiles, parce qu'il réunit mieux ses habitans sous la protection commune du prince. L'état républicain, au contraire, étant très-bon par sa nature et par son principe, se détériore dans ses effets entre les mains du peuple, soit qu'il exerce la puissance par lui-même, soit qu'il l'exerce par des représentans, attendu qu'il n'est pas assez vertueux pour se gou-

verner républicainement. On pourrait faire
le même raisonnement à l'égard des états
démocratiques et des états despotiques, qui
sont les deux extrémités opposées, l'une dérivant de la nation, et l'autre dérivant du
prince; car il n'est pas de despotisme plus
violent dans le monde que celui d'un peuple
qui exerce sa souveraineté.

Il faut donc se mettre dans l'esprit que
tout ce qui tend à exciter des tumultes populaires est plus dangereux dans une république que dans une monarchie, parce qu'on
trouve dans celle-ci une autorité réprimante,
plus concentrée, plus prompte, plus active,
qui ramène facilement l'équilibre : cela n'empêche pas qu'on n'y doive toujours bien
surveiller les perturbateurs.

Je distinguerai deux sortes de guerres civiles :
la première est celle que les habitans du même
pays se font confusément, sans but, sans
dessein, sans union, frappant du poignard tantôt des amis et tantôt des ennemis, tantôt des
parens et tantôt des étrangers, suivant l'oc-
currence des personnes que le hasard présente à leur fureur, comme il est arrivé à
Nîmes et dans plusieurs autres villes de France;

la seconde est celle qui a lieu lorsque les habitans du même état forment deux partis bie
distincts qui se battent en ordre; mais alors il
ne périt que le plus faible, qui souvent en est
quitte pour des conditions que lui impose le
plus fort. Telle fut à Rome, du tems de
Marius et de *Sylla*, la guerre qui s'alluma
entre les anciens et les nouveaux citoyens, divisés par ces deux chefs, ou pour mieux dire
par ces deux rivaux; guerre où la jalousie
et l'ambition de deux hommes armèrent les
Romains contre les Romains : telle fut encore la guerre qui éclata entre *César* et
Pompée; guerre qu'on peut appeler étrangère aussi bien que civile, puisque les indi-
gènes, mêlés avec des étrangers, allèrent se
battre sur des terres éloignées : telles furent
autrefois les hostilités qui eurent lieu entre
les villes de la Grèce : telles ont été de nos
jours celles qui se sont élevées entre Avignon
et Carpentras.

Dans les guerres civiles qui ont ensanglanté
les différens états les partis se sont toujours si-
gnalés sous des noms aussi odieux que ridicules
pour se poursuivre avec plus d'acharnement :
vers le commencement du treizième siècle,
l'Italie, partagée entre la faction *Guelphe* et

2.   3

la faction *Gibeline*, c'est à dire entre le pape et l'empereur, fut en proie à une guerre civile qui la remplit de désolation et de carnage. Au milieu du quinzième siècle l'Angleterre, divisée entre le parti des *Yorcks*, qui prit pour marque distinctive *la Rose blanche*, et le parti des *Lancastres*, qui prit pour emblême *la Rose rouge*, vit le trône de ses rois souvent ensanglanté ou renversé par la main de ses propres citoyens, qui s'entr'égorgeaient à l'occasion d'un nouvel aspirant à la couronne. Au commencement de la régence d'*Anne d'Autriche*, mère de *Louis XIV*, la France, partagée entre la faction du duc de *Beaufort*, connue sous le nom des *Importans*, et la faction du prince de *Condé*, dite des *Petits-Maîtres*, éprouva une guerre civile qui la plongea dans les plus grands malheurs. (1) Vers la fin du dix-huitième siècle le sol de la France a été inondé du sang de ses habitans, parce qu'elle a été divisée en différens-partis désignés sous les dénominations haineuses qu'ils ont prises tour à tour de patriotes, d'aristocrates, de républicains, de

---

(1) Ces faits sont tirés de l'Essai sur l'Hist. gén.

royalistes, de sans-culottes, de muscadins,
de feuillans, de cordeliers, de jacobins, de
modérés, de montagnards, de maratistes, de
girondins, de terroristes, de chouans, de
fanatiques, de révolutionnaires et de contre-
révolutionnaires.

Toutes les factions qui se meuvent dans
une guerre civile ont leurs chefs, leurs fau-
teurs, leurs suppôts, leurs protecteurs. En
France, dans le tems de la ligue, les *Guise*
d'un côté, et de l'autre les *Condé* et les
Coligni, furent des chefs de parti pour et
contre *Henri IV*. En Angleterre, sous le
règne de *Charles II*, il s'éleva deux partis,
celui des *Thoris*, qui voua une soumission
entière à la royauté; et celui des *Wighs*, qui
soutint les droits du peuple.

Quelquefois il arrive qu'il se forme subdi-
visément plusieurs factions dans le même parti;
alors l'hydre pousse de nouvelles têtes. C'est
ainsi qu'en Angleterre l'esprit qui animait
les indépendans contre la royauté saisit
tout à coup un grand nombre de soldats,
qui se révoltèrent. Ces rebelles prirent le
nom d'*Aplanisseurs* pour faire voir qu'ils
ne voulaient reconnaître aucun maître au-
dessus d'eux ni dans l'armée, ni dans l'état;

maïs ils furent bientôt dispersés, parce qu'ils
ne furent pas assez puissans. C'est ainsi qu'en
France l'esprit qui animait les démocrates,
ou plutôt les *démagogues*, s'étant infiniment
exalté, en a fait deux partis qui se sont pour-
suivis l'un et l'autre, sous les appellations in-
jurieuses de *Niveleurs* et de *Prédominans*.
Or, il est arrivé aux Français, après la mort
de *Louis XVI*, ce qui était arrivé aux Anglais après la mort de *Charles Ier*.

Rien n'est plus capable d'attiser le feu des
discordes civiles dans les états que cette politique qu'ont les gouvernemens de favoriser
tour à tour chaque parti selon les conjonctures. C'est faute de grandes ressources qu'ils
ont recours aux petits moyens. Ainsi, dans le
tems de la république française, le gouvernement, pour se soutenir, a protégé tantôt
le parti démocrate contre le parti aristocrate,
et tantôt le parti aristocrate contre le parti
démocrate. Or, nous avons vu en France,
sous le règne du directoire, ce qu'on avait vu
en Angleterre sous le règne d'*Edouard IV*,
où le parlement avait condamné tour à tour
le parti des *Yorcks* et celui des *Lancastres*.

De toutes les guerres civiles qui couvrent
les peuples de deuil et de sang, celles qui

ont pour prétexte la religion sont les plus
cruelles, parce qu'alors les citoyens se poignardent en sûreté de conscience pour des
opinions, des dogmes dont la différence
ne fait souvent rien à la pratique. Tous
les états chrétiens sont encore saignans des
plaies que leur ont faites tant de guerres
civiles, allumées non pas par la religion,
mais par le fanatisme, suite malheureuse de
l'esprit dogmatique introduit depuis long-
tems parmi toutes les sectes : aussi il y a peu
de points de controverse qui n'aient causé
dans les différens pays une guerre civile. En
France, sous le règne de *Louis III*, de
Henri IV, de *Charles IX* et de *saint
Louis*, les catholiques se sont battus avec
les protestans. En Angleterre, sous le règne
de *Henri VIII*, d'*Edouard* et de *Marie*,
les presbytériens, ou puritains, ont guer-
royé avec les catholiques romains. En Espagne, sous le règne d'*Alphonse VI* et
de *Benadat*, les catholiques ont été aux
prises avec les musulmans. Dans l'Allemagne
les papistes, les luthériens, les calvinistes,
les anabaptistes et les zuingliens, tous ces
enfans plus ou moins légitimes de la religion chrétienne, ont combattu tour à tour

les uns contre les autres ; mais il s'en faut bien que le christianisme ait conseillé ni approuvé toutes ces atrocités : au contraire; il les a toujours condamnées. Quoi ! massacrer son semblable au nom d'un Dieu qui défend la haine, la vengeance et le meurtre! répandre le sang humain au nom d'une religion qui prêche la réconciliation, la clémence, la douceur, la paix, la concorde, l'amitié et la fraternité! Quelle horrible contradiction de tirer du plus saint des principes la plus affreuse des conséquences !

Cette fureur de dogmatiser, poussée à l'extrême, a armé alternativement tous les peuples chrétiens; elle a eu dans chaque état ses partisans, ses sectateurs et ses ministres. En Hollande *Gomar* et *Armin* (prêtres calvinistes), par les thèses qu'ils soutinrent avec chaleur l'un contre l'autre sur des choses inintelligibles, divisèrent tellement les Provinces - Unies, qu'il se forma deux partis dans l'état, l'un ayant pour chef le prince *Maurice*, et l'autre le pensionnaire *Barnevelt*. En Suisse et en Allemagne *Luther* et *Calvin* (formateurs l'un et l'autre d'une nouvelle secte) disputèrent vivement entr'eux sur le sacrement de l'Eucharistie, sur l'invination, sur l'impanation, sur la consubstantiation ; et la différence de leurs opinions causa beaucoup de troubles dans ces deux pays. En France les thomistes et les scotistes, les jansénistes et les molinistes (docteurs de la religion chrétienne) disputèrent avec fureur sur la prédestination, sur la grâce, sur la liberté; et la diversité de leurs sentimens excita bien des désordres dans ce royaume.

Les disputes scholastiques n'ont pas seulement été funestes aux peuples chez lesquels elles ont éclaté ; elles ont encore été fatales à la plupart de leurs auteurs, qui, n'ayant pu se persuader par la parole, ont tiré le glaive les uns contre les autres, en criant à l'hérésie. En 1415 le fameux *Jean Hus* de Bohême fut condamné au bûcher par le concile de Constance, pour avoir soutenu une doctrine conforme à la foi, mais contraire aux épiscopaux : peu de tems après *Jérôme de Prague*, son disciple et son ami, périt par le même supplice; et de la cendre de ces deux hommes érudits naquit une guerre civile qui embrasa l'Allemagne. En 1525 le célèbre *Munster*, chef des anabaptistes, expira sur l'échafaud à Mulhausen, pour avoir voulu s'ériger en prophète : sa mort fut bientôt suivie de celle du docteur *Mathieu*, son successeur et son prosélyte. En 1531 *Zuingle*, curé de Zurich, ayant péri dans un combat à la tête d'une armée de protestans, son corps fut écartelé et jeté dans les flammes par les catholiques victorieux. En 1635 *Jean de Leyde*, s'étant fait couronner roi et prophète dans le cercle de Westphalie, fut tenaillé par ordre de *Valdeck*, évêque de Munster. En 1555 *Michel Servet* d'Arragon, sectateur d'*Arius*, fut brûlé tout vif pour avoir disputé avec *Calvin* sur le mystère de la Trinité : mais toutes ces horreurs n'ont rien de comparable avec celles qui suivirent la querelle des papes *Urbain* et *Clément VII*; querelle qui divisa l'Europe chrétienne en deux partis, sous le nom de grand schisme d'Occident, et bouleversa tous les ordres religieux. C'est alors que des troupes levées de chaque côté sous le signe de la croix se battirent avec la double fureur d'une guerre civile et d'une guerre de religion, pour l'intérêt de deux pontifes qui se disputaient la tiare, et qui s'anathématisaient réciproquement. (1) Religion, douce vie de l'ame, c'est

---

(1) On lit tous ces faits dans l'Essai sur l'Hist. gén., tom. 4, chap. 107 et suivans.

donc ainsi que tu deviens un instrument meur-
trier dans les mains de tes apôtres !

Ce sont les guerres de religion qui ont coûté
la vie aux meilleurs princes : *Henri IV* fut
assassiné par *Ravaillac*, moine dont la superstition égalait la férocité, pour avoir protégé dans les troubles d'Allemagne la ligue
protestante appelée *évangélique*, contre la
ligue catholique appelée *papale*. *Louis IX*
mourut dans la dernière croisade qu'il fit
dans les états de Tunis, d'une maladie épidé-
mique qui attaqua son armée campée à
Carthage.

Si les guerres civiles ont fait tant de progrès
et tant de dégâts dans le monde, c'est que les
souverains n'ont pas eu la force ou le courage
de faire prompte justice des chefs de parti
qui les ont suscitées : aussi voyons-nous par
l'histoire qu'elles éclatent ordinairement pendant les minorités. C'est dans ces conjonctures favorables que les hommes ambitieux
s'agitent pour parvenir aux premières dignités
de l'état, et surtout à la fortune. Sous la régence
de la reine-mère la France devint la proie
des dissentions, parce que le gouvernement,
ou plutôt le ministère, n'avait pas osé sévir
contre *Gondi*, évêque de Paris, qui fut de-

puis cardinal de *Retz*, l'instigateur de tous
les troubles, de toutes les cabales et de toutes
les séditions. Cet homme, à qui la charge de
coadjuteur, dont il était revêtu, convenait parfaitement, puisqu'il se liait à tous les complots, et jouait un rôle dans toutes les factions, avait été d'abord l'ame d'une conspi-
ration contre la vie de *Richelieu :* il fut
ensuite l'auteur des barricades; il divisa les
princes entr'eux; il révolta le parlement contre la cour; il souleva le peuple contre la
royauté.

Il faut étouffer la guerre civile dès le commencement, afin qu'elle n'ait pas le tems
d'exercer ses ravages. Quand le feu de la
discorde a gagné toutes les parties de l'état
on ne le sauve pas facilement de l'incendie qui va toujours croissant. On compte
neuf guerres civiles qui ont désolé la France
depuis *François II* jusqu'à *Henri IV*,
parce qu'on en avait négligé les premières
étincelles; car les dissentions qui embrasèrent
ce royaume sous la minorité de *Charles IX*
avaient commencé sous *François II*, s'étaient
continuées sous *Henri III*, et ne finirent
que sous *Henri IV*. La religion, cette source
de consolations pour l'humanité souffrante,

devint, par l'abus qu'on en fit, le sujet de
toutes ces guerres chez un peuple ignorant
et crédule, et le prétexte parmi des princes
ambitieux et fourbes. *Catherine de Médicis,*
mère du jeune monarque, fut la première à
en allumer les torches, en armant les catholiques contre les protestans, pour accroître
sa puissance à la faveur de cette division. Les
Français, devenus fanatiques et barbares par
cette fureur qu'inspire le faux zèle, se mas-
sacraient sans pitié pour des hommes puissans qui les armaient pour leurs intérêts au
nom d'un Dieu qu'ils outrageaient. Ce fut
sous le malheureux règne de *Charles IX*
que se donnèrent les fameuses batailles de
Dreux, de *Saint-Denis,* de *Jarnac,* de
Montcontour, où tant de Français périrent
de la main des Français; batailles plus terribles que ne le furent jamais celles qui eurent
lieu entre des peuples étrangers, parce que
les deux partis avaient encore des troupes
auxiliaires qui leur étaient envoyées d'Espagne, de Suisse et d'Allemagne, à dessein
d'achever la destruction du royaume : aussi
les plus grandes villes furent-elles prises, re-
prises et saccagées tour à tour par les partis
opposés. On fit subir aux prisonniers des sup-

plices inouis. Les églises furent pillées et in-
cendiées par les protestans ; les temples furent pillés et brûlés par les catholiques; on
viola de part et d'autre toutes les lois du
droit divin, du droit civil et du droit des
gens. (1)

On pourrait en quelque sorte appeler
cette guerre étrangère et civile, puisqu'il y
avait comme deux nations dans la France
absolument différentes l'une de l'autre, qui
avaient chacune des soldats étrangers de leur
parti pour se battre avec plus d'acharnement; ce n'est pas pourtant qu'il n'y ait une
très - grande différence entre ces deux
guerres.

Si l'on assimilait la guerre civile à la guerre
étrangère, on ferait un paralogisme au lieu de
faire un parallèle : ces deux guerres ont une
nature et un principe très-différens; l'une est
interne, et par conséquent plus dangereuse; l'autre est externe, et par conséquent
moins critique. La première, s'allumant parmi
les membres du même corps civil, qui se
heurtent mutuellement malgré la raison du

---

(1) Voyez l'Essai sur l'Hist. gén., tom. 5, chap. 141,
142 et 143.

bien public, à cause de leur avarice ou de
leur haine, est plus particulière si l'on considère qu'elle a lieu dans le sein de chaque
état séparément; mais elle est plus générale si l'on fait attention qu'elle enve-
loppe tous les habitans du même pays. La
seconde, s'élevant entre plusieurs corps politiques qui se choquent réciproquement
malgré la séparation de leurs intérêts, à
cause de la jalousie ou de l'ambition des
souverains, est plus générale si l'on considère
qu'elle a lieu entre plusieurs états; mais elle
est plus particulière si l'on fait attention
qu'elle n'arme jamais qu'une partie des habitans du même pays. En un mot, la guerre
civile est dans le corps social ce que la maladie est dans le corps humain; c'est une
convulsion qui en affaiblit toujours les membres; avec la différence que la maladie qui
attaque le corps humain détruit toutes ses
parties si elle est mortelle, au lieu que la
guerre civile qui attaque le corps social ne
le détruit jamais entièrement.

Mais quel rempart peut-on opposer au
fléau des séditions populaires qui éclatent dans
les états sous prétexte de la religion? Le
seul parti qui reste à prendre, c'est d'imiter

Charles-Quint et *Louis XIV*, qui, après bien des troubles et des guerres, finirent par laisser la liberté de conscience à chaque citoyen ; c'est de protéger comme eux la religion dominante, en accordant à chacun la permission d'adorer Dieu suivant ses principes, pourvu qu'il soit soumis aux lois de l'état. C'est ainsi qu'on en use aujourd'hui dans la plupart des pays désolés autrefois par les guerres de religion.

Pour étouffer la guerre de religion il faudrait que les souverains de l'Europe suivissent l'exemple de la reine *Elisabeth.* « Cette femme, dit *Voltaire,* (1) avait plus d'esprit et un meilleur esprit que *Henri VIII,* son père, et que *Marie,* sa sœur : elle évita la persécution autant qu'ils l'avaient excitée. Comme elle vit à son avènement que les prédicateurs des deux partis étaient en chaire les trompettes de la discorde, elle ordonna qu'on ne prêchât de six mois sans une permission expresse signée d'elle, afin de préparer les esprits à la paix. » Or, la liberté de conscience dont les catholiques jouirent en Angleterre pendant son règne en fit des

_____

(1) Essai sur l'Hist. gén., tom. 4, ch. 24.

sujets obéissans et soumis, au lieu qu'en France, sous le règne de *François II*, la persécution rendit les calvinistes séditieux et rebelles.

La religion chrétienne a pour fondement une pierre sacrée que des mains profanes ne touchent jamais impunément. On peut soumettre le sacerdoce aux lois de l'état; mais on doit prendre garde de ne pas contrarier les lois de l'église : il faut écarter avec soin, dans les réformes que l'on fait à l'égard du clergé, tout ce qui peut donner lieu à de vaines disputes théologiques, capables de diviser les membres de ce corps auguste. Que de troubles n'a pas causés dans la France le serment des prêtres, sous le prétexte, ou bien par la raison qu'il blessait les dogmes du christianisme : les ministres de l'église gallicane se sont divisés entr'eux sous les noms de prêtres *conformistes* et de prêtres *réfractaires ;* et cette division du sacerdoce n'a pas peu contribué à celle des citoyens.

De quelque source que parte la guerre civile, elle est toujours funeste au peuple qui la fait : c'est pourtant un mal quelquefois nécessaire pour le délivrer de la servitude; mais il faut que l'insurrection cesse dès le mo-

ment que la nation a brisé ses chaînes : c'est un
remède violent dont l'emploi réitéré détruirait
bientôt le corps politique. Il n'est pas question d'anéantir la puissance souveraine, mais
l'abus de la puissance ; il s'agit de conserver
la domination en détruisant la tyrannie : il
faut s'arrêter au terme de la liberté sans se
jeter dans la licence, qui précipite bientôt
dans la guerre civile. Le peuple crétois,
d'après le rapport de *Montesquieu*, avait
recours au soulèvement pour maintenir
l'autorité des magistrats dans ses bornes ; et
il résulta de cette politique des effets admi-
rables, parce qu'on s'en servit avec une extrême circonspection. Le peuple polonais avait
aussi ses insurrections pour empêcher l'abus
du pouvoir suprême ; mais il fut loin d'en retirer les mêmes avantages, parce qu'il ne se
remuait qu'à l'instigation d'une noblesse qui
le tenait continuellement sous le joug.

Les auteurs qui ont dit que les dissentions
civiles rendent toujours les nations belli-
queuses ont parlé d'une manière trop générale : (1) j'avoue que cela peut arriver

---

(1) C'est l'opinion de *Montesquieu. Voyez* Grand.
et Décad. des Romains, ch. 11.

quelquefois; mais je soutiens que le contraire
a lieu très-souvent. Il est de la guerre civile
de dépeupler les royaumes en détruisant leurs
habitans. Or, il n'est guère vraisemblable que
des peuples, qui se détruisent au-dedans,
puissent être redoutables au-dehors, à moins
qu'on ne les attaque dans le commencement
de la sédition, où leurs forces sont encore
intactes. Il est encore moralement vrai que
les motifs, ou plutôt les passions de l'homme
qui combat dans une guerre étrangère, sont
très-différentes des passions de l'homme
qui se bat dans une guerre civile. Le premier, se trouvant moins attaché au-dehors,
c'est à dire à un territoire étranger, animé
par l'espérance de faire du butin, marche
plus volontiers à la bataille; le second, étant
plus attaché au-dedans, c'est à dire au sol de
son pays natal, agité par la crainte de perdre
ses biens, sa vie même, recule d'horreur à la
vue du combat, disons mieux, du massacre:
et si dans ces circonstances l'ennemi commun
se présentait aux portes de l'état, il ne serait
pas à même de le repousser. Cela est prouvé
par l'histoire du plus belliqueux des peuples.
Dans les guerres civiles qui éclatèrent sous les
empereurs *Vitellius* et *Vespasien*, Rome, en

2. 4

proie aux séditions qui furent excitées par des
ambitieux, et pleine de citoyens timides,
trembla à l'approche des ennemis étrangers;
mais Rome, en paix avec elle-même sous les
empereurs *Auguste*, *Trajan* et *Marc-Aurèle*, fit trembler toute la terre.

Il est certain que les guerres civiles affaiblissent les états par cela même qu'elles les
dépeuplent. Je pourrais citer à l'appui de cette
assertion un exemple puisé dans l'histoire moderne : lorsque, sous le règne de *Philippe II*,
l'Espagne effrayait l'Europe par sa grande
puissance, la France était, entre les mains de
François II, chancelante et près d'être envahie; les guerres civiles qui la déchiraient
la rendaient dépendante de tous ses voisins.
Ce royaume, qui fut sans influence et sans
crédit pendant les règnes subséquens de
Charles IX et de *Henri III*, ne se rétablit
que sous celui de *Henri IV*; mais quelles
furent les causes de tant de calamités?
L'ambition, le fanatisme, l'intolérance, la
persécution, la jeunesse des princes, la faiblesse du gouvernement, l'inobservation des
lois.

Un peuple tombe infailliblement dans les
horreurs de l'anarchie s'il ne règne une

exacte subordination parmi les différens ordres de l'état : en effet, il est nécessaire que
les magistrats aient une certaine prééminence;
et lorsqu'on ne leur accorde pas l'honneur et
le respect naturellement dus à leur qualité,
ils ne jouissent plus de cette considération qui
doit les engager à mettre le plus grand zèle
dans leurs fonctions.

Mais pour que les magistrats soient res-
pectés il faut que les places ne se donnent
qu'au mérite; quand elles sont le prix de
l'intrigue ou de la richesse, le peuple refuse
d'obéir; et l'insubordination s'introduit dans
le corps politique. C'est alors qu'il s'établit
une lutte entre les premières et les dernières
classes des citoyens, entre les dignitaires et
les simples particuliers : les uns veulent
s'élever, tandis que les autres veulent se
maintenir; et il advient que, les lois perdant
leur vigueur, la guerre civile éclate de toutes
parts. Quand, à Rome, ceux qui étaient
chargés du gouvernement de la république
se virent abaissés, ils cherchèrent à se re-
lever à la faveur des séditions; et dans ce
même tems les plébéiens n'oublièrent rien
de leur côté pour répandre le trouble; ce qui
fut la cause de tant de révolutions.

~~~~~~~~~~~~~~~~~~~~~~~~~~~~~~~~

CHAPITRE VI.

Suite du même sujet.

La guerre civile, qui est un ébranlement dans le corps politique, conduit nécessairement à des révolutions. Par ce mot il faut entendre les changemens que l'on fait dans les lois, dans les mœurs, dans les principes, dans les coutumes, et enfin dans le gouvernement.

Il se fait dans les états des révolutions qui sont favorables ou funestes aux peuples, selon que les esprits ont été bien ou mal préparés, et surtout suivant l'intention bonne ou mauvaise de ceux qui en sont les auteurs. Les unes, méditées avec sagesse, conduisent paisiblement les citoyens à la liberté; les autres, tramées avec scélératesse, les traînent violemment dans la servitude.

Les révolutions sont quelquefois précédées et quelquefois suivies de la guerre civile. Or, quand la guerre civile marche avant la révolution, elle promet ordinairement une ré-

forme salutaire, parce que le peuple, se trouvant dans l'oppression, s'insurge de lui-
même pour changer d'état; c'est ce qui est
arrivé très-souvent au peuple romain : mais
lorsque la guerre civile vient après la révolution, elle annonce un retour vers la tyrannie, parce qu'alors le peuple est divisé
par des ambitieux qui veulent s'élever sur
ses ruines : c'est ce qui est arrivé plusieurs
fois aux Spartiates et aux Athéniens.

Les guerres civiles sont plus fréquentes
dans les états monarchiques que dans les
états despotiques, et les révolutions sont plus
fréquentes dans les états despotiques que dans
les états monarchiques; mais, par une exception
tion nouvelle, il s'est fait en France plusieurs
révolutions sans guerres civiles, à moins qu'on
ne donne ce nom à des secousses qui sont inséparables des grandes réformes. (1) A Rome,
dont la variété et le mélange du gouvernement
étaient très-favorables aux révolutions, on

---

(1) Dans le cours de la révolution française la masse
du peuple a resté toujours calme, malgré les secousses
du gouvernement et les agitations des factieux : ce qui
prouve que le peuple veut toujours le bien, et qu'il ne
fait le mal que parce qu'on l'égare.

ne fit jamais aucun changement remarquable
sans qu'il fût accompagné d'une guerre civile. En France les troubles qui ont éclaté
çà et là, et qui étaient les précurseurs d'une
guerre civile, ont eu l'heureux effet de prémunir le peuple, et de le conduire paisiblement à des innovations salutaires. Or, il faut
mettre au rang des miracles qu'au milieu de
la cherté des denrées et de toutes les calamités générales il ne se soit pas allumé
dans ce pays une affreuse guerre civile ; mais
comme il paraît par l'histoire que les séditions intestines ont presque toujours conduit
les peuples à l'esclavage, la nation française
a toujours repoussé les suggestions des agi-
tateurs.

Certes, on ne peut qu'admirer l'ordre de
choses qui s'est maintenu dans la France, au
milieu des dénonciations, des violences, des
trahisons, des complots, et des conjurations
qui ont éclaté dans son sein pendant qu'elle
avait à soutenir la guerre au-dehors contre
toutes les puissances de l'Europe : aussi, à
moins d'avoir recours à la main du tout-
puissant, le plus grand politique ne saurait
expliquer comment il a pu se faire qu'après
tant de désastres et de guerres cet empire ait
déployé tant de force et tant d'énergie.

Dans le principe les deux ordres de l'état auraient pu éviter cette révolution s'ils étaient venus au secours du trésor public; mais les hommes de qualité s'étant trop prévalu de leurs privilèges, ont obstinément refusé de participer aux charges publiques : or, comme rien ne répugne plus à la nature humaine que de voir l'extrême opulence à côté de l'extrême pauvreté, la plus fière arrogance à côté de la plus profonde humilité, la plus absolue immunité à côté de la plus affreuse surcharge, il s'est fait une révolution qui a fait disparaître toutes les distinctions réelles et personnelles de la noblesse.

Quand il y a dans un état diverses classes de citoyens, et qu'il se trouve entr'elles une telle liaison qui, sans détruire entièrement la ligne qui les sépare, l'efface en quelque sorte, il faut la regarder comme une barrière qui ferme l'entrée à une révolution, ce qui n'est autre chose que l'élévation des uns et l'abaissement des autres : or, tel est le propre des extrêmes dans l'ordre civil et politique que pour se trop séparer on se confond, pour accroître trop sa puissance on la diminue. Ainsi, à Rome, quand une tribu ne voulait pas aller de concert avec les autres tribus, ar-

rivait tout à coup la guerre civile : (1) ainsi
dans la Grèce , quand quelques villes refu-
saient d'aller de pair avec les autres villes,
naissaient soudain des divisions intestines :
ainsi dans la France les deux premiers ordres,
pour se trop distinguer du dernier ordre,
auraient perdu leurs prérogatives.

Il est difficile de faire une révolution sans
éprouver de grands obstacles , parce qu'on
froisse toujours quelque intérêt particulier,
et qu'on blesse toujours quelque ancien préjugé. En effet , quand on veut donner à l'état
une forme nouvelle , cela ne peut se faire
qu'avec des peines infinies , vu qu'il s'opère
alors un déplacement d'hommes et un changement de choses qui doivent nécessairement

---

(1) Après l'expulsion des rois , les patriciens , ayant
trop accru leur puissance, furent abaissés par les
plébéiens qui en devinrent jaloux ; et ce furent dans
la suite les haines que les sénateurs se portaient pour
cause de la différence de leur extraction et de l'égalité de leur rang , qui occasionnèrent dans Rome tant
de guerres civiles. L'adresse pourtant des patriciens
prévalut toujours ; en feignant d'admettre aux charges
les plébéiens, ils les en excluaient, ou ils se rendaient
leurs supérieurs en créant pour eux-mêmes d'autres
charges plus élevées.

occasionner des secousses ; aussi ceux qui méditent des réformes importantes ont-ils besoin
de bien préparer les esprits, sans quoi toutes
leurs institutions seraient vaines : ils ne peuvent réussir que par des lois conformes au caractère national. C'est pour cela qu'on a vu
en Russie des lois douces et des hommes féroces, parce que *Pierre Ier* a voulu civiliser,
comme le dit *Rousseau*, un peuple qui n'était
pas encore fait pour la civilisation.

Toutes les fois qu'une nation a voulu briser
ses chaînes elle a eu à combattre ceux qui
les avaient forgées ; et elle a su les vaincre
quand elle a été bien éclairée et bien conduite:
alors elle a établi de bonnes lois qu'elle a fait
exécuter avec rigueur ; elle s'est débarrassée
des vils préjugés pour n'écouter que la saine
raison ; elle a banni l'aveugle fanatisme pour
professer la vraie religion ; elle s'est investie
d'une force terrible pour repousser ses ennemis ; elle a institué le meilleur des gouvernemens pour expulser la tyrannie ; elle a jeté
par ses écrits philosophiques des semences de
liberté sur les terres des peuples esclaves qui
l'ont attaquée, et qui, en s'éclairant peu à
peu de ses lumières, sont devenus bientôt
libres comme elle.

La puissance de ce peuple, affermie au-
dedans, est redoutable au-dehors; et comme
l'ambition, l'orgueil, le caprice ne lui mettent jamais les armes à la main, ses forces
ont toute leur intégrité lorsqu'il doit se défendre contre les oppresseurs domestiques
et les agresseurs étrangers. L'esclave combat
avec la fièvre de la mort pour un gouvernement oppresseur; l'homme libre défend avec
courage sa patrie; il voit en elle sa maison,
son père, ses enfans, son épouse; la vie enfin
est très-peu de chose à côté de la liberté.

Sans doute une nation qui a rivé ses fers
pour sortir d'un long et pénible esclavage
est terrible dans la guerre; comme elle goûte
le charme de la liberté, elle en a toute l'énergie; elle se bat avec d'autant plus d'intrépidité, que, ne faisant que de passer d'un
état à l'autre, elle compare la dureté de la
servitude avec la douceur de la liberté. (1)

_____

(1) Rien n'est plus propre à produire des actions
magnanimes qu'un passage soudain de l'esclavage à la
liberté. Les dangers, les travaux, les obstacles ne re-
butent point : on sacrifie tout pour se maintenir dans
un état si avantageux. Les Grecs ne furent jamais plus

Les Français en fournissent le plus bel exemple ; devenus belliqueux et libres sous la conduite d'un homme incomparable, ils combattent avec un courage héroïque.

Mais quand un peuple succombe sous les efforts du despotisme il perd bientôt le sentiment de sa liberté, et n'est plus capable que de fuir honteusement dans les combats, ou de se détruire dans les séditions. Les Romains, libres sous les règnes d'*Antonin* et de *Marc-Aurèle* furent invincibles ; mais, devenus esclaves sous les empereurs *Néron*, *Caligula* et *Tibère,* ils ne furent plus que de lâches guerriers et de grands séditieux.

Opposons pour un moment la vigueur d'un peuple libre à la faiblesse d'un peuple esclave : quelle différence n'y a-t-il pas entr'eux ! L'un combat avec le transport de la liberté pour la maintenir ; et l'autre bataille avec l'abattement de la servitude pour la perpétuer. Les Romains conquirent une grande partie

belliqueux que quand ils se délivrèrent promptement de la tyrannie : comme leurs forces n'étaient point alors épuisées par de longues séditions, ils défendaient avec le plus grand courage leur liberté recouvrée.

de l'univers, parce qu'ils étaient libres, et les autres nations esclaves.

Un peuple qui combat pour la liberté, qui marche, les armes à la main, sous la devise de ce droit naturel, qui frémit à la seule idée de l'esclavage, est plus vaillant que s'il combattait pour asservir un autre peuple; l'ame a plus de ressort lorsqu'on fond sur l'ennemi pour se rendre libre que pour faire des esclaves. Les Gaulois, nos ancêtres, battirent les Romains en défendant leur liberté, ou plutôt la servitude domestique à laquelle ils étaient attachés, (1) ignorant sans doute que ces conquérans du monde étaient dans l'intention de les affranchir. (2) Combien donc la nation qui fait la guerre pour conserver sa liberté doit être magnanime! Si Athènes et Lacédémone périrent dans la guerre, ce fut parce qu'elles voulurent faire des sujets des peuples

---

(1) Dans ce tems-là la féodalité était horriblement établie; mais néanmoins la défense des foyers inspirait le courage des Francs.

(2) Quand les Romains avaient soumis des nations braves, ils les incorporaient dans leurs troupes pour les associer à leurs conquêtes.

vaincus , et non des citoyens. Les Français,
au contraire, qui ne combattent que pour
faire des hommes libres, et non des esclaves,
- ne périront jamais.

CHAPITRE VII.

De la Guerre étrangère ou de Nation à Nation.

La guerre étrangère, dans la signification la plus stricte, est un état violent où se trouvent deux ou plusieurs puissances devenues ennemies par infraction de rapports. Cette guerre est juste ou injuste, selon les motifs qui la déterminent : elle est juste dans le cas de la défense ; elle n'est pas juste dans le cas de l'agression ; car si elle est injuste dans l'un, elle doit être juste dans l'autre, par l'inversion de droit. Celle-ci, qu'on entreprend pour s'agrandir, a pour fondement illicite l'ambition, le caprice, la haine, la jalousie, le pillage et le meurtre ; celle-là, qu'on fait pour se défendre, a pour base légitime la conservation des temples, des maisons, des territoires, des propriétés et des personnes.

Pour pouvoir faire une guerre juste il faut donc qu'on y soit obligé par une déclaration antérieure, ou par une attaque préméditée, ou autrement qu'on ait la certitude de quel-

que disposition hostile : hors de là c'est une
atrocité, une injustice, un délit, un attentat.
La défense suppose l'agression ; mais elle
n'est défense qu'autant qu'on l'emploie à
l'instant même de l'attaque ; la reprise des
hostilités sans déclaration préalable, serait une
vengeance, une trahison. La mort d'un ennemi pris désarmé sera toujours une violation
du droit des gens, un crime contre la nature
et la société.

Suivant le cours fortuit des évènemens
il peut y avoir dans un combat ou agression
immédiate et primitive, ou agression médiate et secondaire ; mais elles ne se trouvent
jamais toutes les deux ensemble, parce
qu'elles s'excluent réciproquement. Cette dernière, d'une détermination très-prompte, est
une conséquence de la première, qui, par
ses préparatifs menaçans, lui donne origine
en s'éteignant, comme il arriva à *Annibal*
lorsqu'il fut battu à la tête de ses troupes
par les barbares qu'il croyait devancer. Cette
attaque forcée, que nous appelons ainsi faute
d'un nom spécifique, n'est à la vérité ni une
défense, ni une agression, mais un terme
moyen entre ces deux choses ; car c'est la
conversion de l'assaillant en assailli, et

de l'assailli en assaillant, c'est à dire de la juste conservation de l'un, et de la juste perte de l'autre. Dans cette circonstance, l'attaque primitive est seulement résolue, et ne s'effectue point, parce qu'elle est prévenue et même remplacée par l'attaque secondaire; mais elle peut s'effectuer quand elle est conduite avec dextérité.

« On demande, dit *Bodin*, (1) si c'est la déclaration de guerre ou le premier acte d'hostilité qui caractérise l'agresseur : ce n'est pas l'un plutôt que l'autre, si on veut penser avec justesse. Si le premier acte d'hostilité précède la déclaration de guerre, la chose n'est pas douteuse ; mais si celui auquel on a déclaré la guerre agit hostilement le premier, celui qui a déclaré la guerre n'en est pas moins l'agresseur ; sa déclaration est un acte d'hostilité. »

Les lois de la guerre sont impartiales pour tous les souverains : ces lois composent le droit des gens ; le droit des gens prescrit les devoirs des peuples les uns envers les autres ; l'accomplissement de ces devoirs comporte leur salut respectif; ce salut est consigné dans

_____

(1) Abrégé de la Rép., liv. 5, ch. 5.

la paix; la paix est le droit de tous, et le droit de tous est une chose commune. D'après ces principes celui qui commence la guerre envahit une portion de droit qui ne lui appartient point, subvertit l'ordre de la société, et commet une injustice. Chose certaine; avant la guerre exista la paix, et cet ordre de la nature sera invariable et éternel. Il n'y a point d'attaque juste; car si la paix est un domaine commun à toutes les nations, d'où tirerait-on l'initiative de droit pour la troubler? En passant aux lois positives on découvre que pour pouvoir infliger une peine il faut qu'elle soit motivée et proportionnée au délit. Or, comment supposer cela en matière de guerre pour celui qui devient agresseur? D'où peut-il tirer le droit de l'attaque, si ce n'est d'une source illégitime?

Le droit de la guerre est si strict, qu'on n'est fondé à la faire que dans le cas d'absolue nécessité, c'est à dire lorsqu'on est injustement attaqué : alors on se trouve dans le cas de la défense naturelle, et l'on doit repousser la force par la force. Ce principe immuable ne peut s'interpréter autrement, soit à l'égard des particuliers, soit à l'égard

des peuples. Hors de ce cas rigide la guerre
est un attentat commis contre le droit
civil et contre le droit des gens : mais
pourtant combien d'attaques arbitraires, combien de combats injustes ne voyons-nous pas
entre les nations! D'où vient cela? De l'orgueil, de l'ambition. Il semble que le droit
de la guerre dérive de l'usurpation, de l'ini-
quité ; on dirait que ce droit est celui d'asservir, de piller, de mettre tout à feu et à
sang, tant on s'en sert pour répandre la désolation et l'incendie.

Dans tous les tems comme dans tous les
pays les hommes ont reconnu que pour faire
une guerre juste il faut en avoir un motif
légitime : c'est ici un sentiment qui dérive de
notre conscience, et non une science que
l'on doive acquérir; c'est le pur effet de la lu-
mière naturelle qui éclaire notre raison. Aussi
les peuples sauvages comme les peuples civilisés ont été également frappés de l'évidence
de ce principe : les Romains envoyèrent es
députés aux Gaulois arrivés en Italie pour
leur dire qu'ils se gardassent bien d'attaquer
un peuple qui ne les avait point offensés. Les
Scythes-Abiens, quoique nation barbare, ne

prenaient les armes que pour se défendre. (1)
Coriolan, réfugié chez les Volsques, pour se
venger de son exil leur conseilla de ne déclarer la guerre aux Romains qu'après avoir
cherché quelque raison équitable.

Le droit qu'on a de faire la guerre ne vient
pas seulement de l'injustice de l'agression,
mais encore de la nature qui ordonne à
l'homme de se défendre quand il est injustement attaqué.

Pour qu'une guerre soit véritablement
juste, il faut donc que le motif qui la fait
entreprendre soit très-légitime; c'est à dire
qu'on ne la fasse que par la nécessité où l'on
est de pourvoir à sa conservation. D'après
ce principe toute guerre est injuste lorsqu'on
la fait sans aucune raison plausible, comme,
par exemple, lorsqu'on attaque les autres non
pour en avoir reçu des torts, mais pour étendre sa domination, si c'est de la part d'un
monarque; et pour se transplanter de son
pays dans un autre, si c'est de la part d'un
peuple.

Quand on fait la guerre il faut non-seule-

_____

(1) *Justissimos barbarorum (Abios Scythas) cons-*
tabat armis abstinebant nisi lacessiti. Tacit., lib. 7,
cap. 6.

ment qu'on y soit porté par une raison très-
légitime, mais encore que l'on ait des espé-
rances bien fondées de réussir dans ses justes
entreprises; car ce serait être insensé que de
s'exposer à une destruction inévitable, dans
la vue d'obtenir la réparation d'une injure:
il faut enfin qu'il y ait une nécessité absolue
de prendre les armes pour une entreprise en
quelque sorte certaine.

Les lois de la nature et de la société ne
permettent pas de s'écarter de cette règle
fondamentale : c'est une obligation rigoureuse
pour les souverains de s'y conformer ; la justice leur en fait un devoir sacré par une suite
de leur institution même. Le sang du peuple
ne doit être versé que dans les besoins extrêmes et pour des causes légitimes, c'est à
dire pour des guerres justes et nécessaires.
Les princes ne suivent pas toujours ces principes ; ils agissent très-souvent selon qu'ils
le croient utile à leurs intérêts.

Le mot de guerre présente à l'esprit un
double sens : il suppose d'un côté le bien, et
de l'autre côté le mal ; car deux bonnes choses
ne militent point entr'elles, non plus que
deux choses mauvaises. Si donc la défense
est légitime, l'agression n'est pas juste, parce

que si l'agression était juste la défense ne serait pas légitime. Il est pourtant vrai qu'un souverain peut être fondé à entreprendre la guerre pour obtenir la réparation d'un outrage que lui a fait un autre souverain ; et alors, quoiqu'il semble être agresseur, par cela qu'il commence les hostilités, il ne fait que se défendre, parce qu'il est contraint à prendre les armes par un acte d'injustice antérieur.

Il faut distinguer deux espèces de guerres ; l'offensive et la défensive : la première, ordinairement injuste, est celle qu'un souverain déclare à un autre souverain, sans autre raison que celle de contenter son ambition ; la seconde, ordinairement juste, est celle qu'un souverain entreprend contre un autre souverain pour la conservation de ses états. Mais qu'on ne pense pas que toute guerre défensive soit juste, et que toute guerre offensive soit injuste ; car il y a des guerres offensives qui sont justes, telles que celles que l'on fait pour forcer un souverain à la réparation d'un tort qu'on en a reçu injustement ; et il y a des guerres défensives qui sont injustes, telles que celles auxquelles on a donné lieu par des actes d'injustice.

« Si la guerre ne se faisait, dit *Bodin*, (1) que lorsque le droit naturel la permet pour la conservation à prévoir, ou pour la défense présente, il est clair qu'il n'y aurait jamais de guerre. Celui qui attaque viole le droit naturel : on n'a pas besoin de conserver ni de défendre si personne ne menace. Mais l'expérience ne laisse pas douter de la faiblesse de la barrière qui est appuyée sur le juste ; il faut donc se prémunir contre la malice de ses voisins ; les préjugés l'ont érigée en gloire. Celui qui saurait s'agrandir aux dépens d'autrui, qui saurait saisir l'occasion de son ami puissance pour l'accabler, serait puni par les lois s'il était un citoyen ; c'est un grand homme s'il est à la tête d'un gouvernement. »

Mais l'ambition n'est pas toujours la cause principale de la guerre ; il arrive souvent qu'une puissance commence les hostilités par cela seul qu'elle conçoit de fausses craintes ; il arrive aussi quelquefois qu'elle les provoque par des procédés injustes ; et, dans les deux cas, si elle est subjuguée, la conquête qui suit ces hostilités en faveur du vainqueur, est

---

(1) Abrégé de la Rép. liv. 5, ch. 12.

alors l'effet immédiat de la méfiance et de l'injustice du vaincu, c'est à dire de sa provocation.

Du droit de faire la guerre pour sa conservation dérive celui de la conquête ; mais il s'en faut bien que le droit de conquête soit aussi légitime que celui de faire la guerre ; car s'il était possible qu'après une bataille décisive le vainqueur n'eût rien à craindre du vaincu en rentrant dans son premier état, il ne devrait point conquérir. J'avoue que dans la guerre il se fait des pertes considérables, dont le défenseur aurait en quelque façon le droit de s'indemniser envers l'injuste agresseur ; mais comme c'est ordinairement l'agresseur qui fait la conquête, parce qu'il est censé être le plus fort, il ne peut pas avoir le droit de conquérir ; il commet donc une usurpation.

Quoi qu'il en soit, la conquête est la suite nécessaire des hostilités : il est physiquement impossible qu'après une guerre sanglante on se retrouve dans le même état de force qu'auparavant ; car, outre que les deux puissances belligérantes se sont affaiblies, elles se trouvent encore dans une position différente l'une à l'égard de l'autre par les avantages que le vainqueur a toujours sur le vaincu,

dont il envahit les possessions pour s'indemniser des pertes qu'il a faites. Certes, on ne
s'est pas mis en campagne pour rester dans
la même situation; ce serait une inconséquence
bien folle de vouloir inutiliser ainsi ses propres
desseins, c'est à dire faire une guerre ruineuse
pour le seul plaisir de se battre : c'est pourtant ce qui arrive quelquefois lorsqu'on se bat
avec des forces égales des deux côtés.

Il suit de la distinction ci-dessus que
pour qu'un souverain ait le droit de conquérir il faut qu'il ait été attaqué ou provoqué
par un autre sans aucune raison. Or, quand
une puissance neutre conspire sourdement
contre une autre pour la culbuter pendant
qu'elle a plusieurs ennemis sur les bras,
elle est plus coupable que si elle lui faisait ouvertement la guerre : alors la puissance me-
nacée a le droit de détruire sa rivale pour
punir son attentat; et la conquête, loin d'être
une usurpation, est une acquisition qui dérive d'une source légitime, c'est à dire de la
représaille. Telle est l'étendue du droit que
l'on a contre un ennemi qui se cache pour
porter des coups impunément, que l'on peut
l'anéantir sans violer les lois de la guerre. Mais
il faut distinguer ici la cause du prince de celle

du peuple : comme ce dernier ne connaît jamais ces sortes d'affaires, on doit avoir pour lui des égards particuliers, afin de l'attacher davantage au nouveau gouvernement qui s'établit à juste titre sur les ruines de l'ancien.

D'après ce principe, reconnu par tous les publicistes, le souverain qui a le plus grand droit de punir un autre souverain se rendra coupable de cruauté s'il fait tomber la peine sur le peuple innocent. Il est un moyen de tirer vengeance du mal qu'on a reçu d'un prince sans commettre aucune injustice ; c'est de lui enlever des villes, des provinces, ses états même s'il l'a mérité ; mais il faut néanmoins respecter sa personne s'il est fait prisonnier, et alors le coup frappe le coupable sans qu'il y ait de l'atrocité. Ainsi *Charles Ier*, roi de Naples, ayant fait décapiter *Frédéric* d'Autriche après l'avoir vaincu et fait prisonnier, se rendit coupable d'une insigne cruauté. Ainsi les Romains, ayant détruit Corinthe parce qu'on avait violé le droit des gens en la personne de leurs ambassadeurs, commirent un acte non moins horrible que celui des auteurs de cette violation.

Montesquieu a dit (1) que *la conquête*

_____

(1) Esp. des lois, liv. 10, ch. 5.

est une acquisition; mais il a parlé d'une
manière vague, c'est à dire sans faire la
distinction nécessaire : cela peut être quelquefois, mais non pas toujours. Par exemple, c'est une acquisition légitime quand,
après avoir pris les armes pour se défendre,
on est vainqueur de son ennemi, vu que la
guerre occasionne des dépenses très-considérables, et expose à des évènemens malheureux ; mais ce n'est pas une acquisition légitime que celle d'un état qu'on enlève de
force sans aucune raison. Le conquérant dira
que la conquête est le prix des travaux militaires, ou bien l'indemnité des pertes qu'il
a essuyées; mais en retour que donne-t-il au
vaincu? Rien du tout et encore moins que
rien, puisque, malgré les pertes qu'il lui
cause, il lui apporte souvent la servitude.
Quand l'auteur célèbre que nous venons
de citer ajoute tout de suite que *l'esprit
d'acquisition porte avec lui l'esprit de
conservation et d'usage, et non pas celui
de destruction*, il adoucit la rigueur du
faux principe qu'il a posé, en supposant
dans la conquête une acquisition légitime, et
il a fait entendre par-là que le conquérant doit
faire tout le bien qu'il peut au peuple conquis.

Enfin la conquête ne donne pas le droit de massacrer, ni même d'asservir les peuples vaincus; on doit les traiter avec toute la modération qu'une pareille circonstance peut exiger, et c'est une violation du droit des gens de s'écarter de ce principe. J'avoue qu'on est quelquefois obligé de recourir à l'esclavage; c'est lorsqu'il est nécessaire pour la conservation de la conquête, c'est à dire quand le peuple conquis est si rebelle qu'on ne peut le contenir autrement; encore faut-il alors l'adoucir en en abrégeant le terme autant que faire se peut; car la servitude est un état violent qui ne doit pas durer : (1) c'est une chose transitoire tout comme elle est acciden-

_____

(1) Dès le commencement des sociétés, la prudence fit établir l'esclavage contre le vaincu, afin de réprimer la fureur des peuples féroces qui troubleraient le repos commun, et d'épargner par-là le sang des hommes; c'est pourquoi, bien que la servitude soit contraire aux lois de la nature, les publicistes n'ont pas craint de la comprendre dans le droit des gens, par la raison que sans elle les peuples civilisés seraient continuellement exposés aux ravages des peuples barbares, et par la raison encore qu'on ne peut établir une paix solide entre les hommes sans une violence de courte durée, et une liberté durable sans l'esclavage de quelques instans.

telle. (1) *Montesquieu* a défini ainsi le droit de conquête : (2) « Un droit nécessaire, légitime et malheureux, qui laisse toujours à payer une dette immense pour s'acquitter envers la nature humaine. »

Si l'on admet la loi de la force, il n'y a aucun peuple qui ne puisse y aspirer : c'est un glaive à plusieurs poignées que chacun prend et quitte à volonté ; c'est une tyrannie qui tourmente successivement tous les états dans son flux et reflux. Comme dans l'ordre des choses chacun doit avoir sa part du bien public, la force excessive d'une nation fait l'extrême faiblesse d'une autre nation ; la grande richesse d'un particulier fait l'insigne pauvreté d'un autre particulier : or, faire des esclaves ou devenir esclaves par le moyen de la force, voilà le résultat de la guerre ; et dans cette fatale alternative les puissances se détruisent les unes les autres. Rome, après avoir été la maîtresse du monde, devint l'esclave des na-

---

(1) *Sunt quædam officia etiam adversùs eos servanda à quibus injuriam acceperis, est enim ulciscendi et puniendi modus.* Cicéron, off. 1.

(2) Esprit des lois, liv. 10, chap. 4.

tions qu'elle avait soumises. L'Asie fut subjuguée par les Perses, et la Perse fut envahie
par les Macédoniens. Le droit de conquête
est un droit illicite que chaque peuple peut
s'arroger tour à tour; les Anglais comme les
Espagnols, les Français comme les Allemands, les Turcs comme les Russes, les
Prussiens comme les Suédois. Pouvoir faire
la guerre ou ne pouvoir la faire, c'est pour
tous les peuples le même avantage, avec la
différence que l'affirmative est un mal, et la
négative un bien ; c'est d'un côté une permission atroce, et de l'autre une défense salutaire; c'est la mort ou la vie. Dans un droit
que chacun a nul ne perd rien à l'égard des
autres quand on l'enlève à tous : or, la possession et la privation du droit de la guerre
étant d'une possibilité générale, c'est pour
tous les peuples le même intérêt de ne pas
l'avoir, parce que, comme on est autorisé à
nuire à son ennemi, il en résulte alternativement des malheurs pour les uns et pour
les autres.

Voici comme *Bodin* s'exprime sur cette
matière : « Le droit de la guerre autorise, à
la vérité, que l'on fasse à l'ennemi tout le mal
que l'on peut lui faire, et que l'on mette en

œuvre tous les moyens de lui nuire et de l'affaiblir : mais une maxime encore plus reçue est que, lorsque le préjudice que nous portons à l'ennemi est égal à celui que nous en souffrons nous-mêmes, les choses n'étant que relatives, celui que nous causons doit être évalué à zéro. Or, il est bien rare que l'intérêt des parties belligérantes se trouve dans l'interdiction d'un commerce réciproque ; elles n'en ont aucun si le dommage est à peu près égal des deux côtés : l'état qui ne reçoit pas les denrées de l'autre état ne peut y envoyer les siennes, et se trouve par-là privé d'un débouché des productions de son terroir et de son industrie. Si on retranche aux sujets du pays ennemi les besoins, les commodités qu'il retire de celui qui interdit le commerce, celui-ci prive les siens des mêmes avantages. Tel est l'objet du commerce considéré comme échange. » (1)

Pour mieux faire sentir combien il importe à tous les états de l'Europe de bannir le droit de la force, et par conséquent de la guerre, supposons ici un homme avec toute la force que la nature peut lui donner, non pas un *Hercule*, qui, selon la fable, fut un homme

---

(1) Abrégé de la Rép., liv. 5, chap. 8.

d'une force démesurée, non pas un *Samson*, qui, selon la bible, fut un homme d'une force prodigieuse, parce qu'il faudrait avoir recours à un pouvoir surnaturel pour faire naître des hommes semblables, mais un homme très-fort, très-vigoureux, tel qu'il peut y en avoir; il trouvera toujours son égal ; et quand chaque individu en particulier serait plus faible que lui, ce qui serait difficile à savoir, il trouverait encore bientôt des hommes dont les forces surpasseraient les siennes. Supposons même qu'il fût reconnu pour être le plus fort de tous les hommes, en réunissant les qualités qui constituent la puissance, telles que la ruse, la dextérité, la souplesse, la vivacité, la vigueur du tempérament, la force du caractère; dans cette hypothèse il succomberait sous les coups de plusieurs qui se ligueraient contre lui : d'ailleurs, l'âge, la maladie ou quelque autre accident qui pourrait affaiblir ou altérer sa complexion, le soumettraient bientôt à tout autre. (1) On peut faire le même raisonnement

_____

(1) Si nous considérons la fragilité de notre existence, nous verrons que l'homme le plus faible peut priver facilement de la vie l'homme le plus robuste, et qu'en conséquence ce serait une folie de nous prévaloir

à l'égard des peuples dont les forces sont
aussi susceptibles de s'accroître ou de se diminuer par la pureté ou par la corruption
des mœurs, par la force ou la faiblesse des
lois, par l'excellence ou l'abus des principes,
par la bonté ou le vice du gouvernement. Les
Romains furent sans contredit les plus vail-
lans guerriers de la terre; (il serait plus vrai
de dire qu'ils furent les plus adroits; car s'ils
soumirent tant de nations, c'est qu'ils eurent
l'attention de les attaquer les unes après les
autres, sans qu'aucune d'elles osât se liguer
contr'eux) les Romains, malgré leur habileté et leur courage dans la guerre, furent
aussi à leur tour inquiétés par les Parthes,
et vaincus par les Gaulois : ce ne fut donc
qu'un peu plus tard qu'ils subirent le sort
qu'ils avaient fait subir aux autres peuples.

Mais en fait de conquête y a-t-il aujour-
d'hui dans le monde un peuple comparable
aux anciens Romains? Jetons un coup d'œil
sur leur bravoure, sur leur fermeté, sur
leur discipline, et sur leur manière de faire

---

tellement de nos forces, que nous puissions croire que
la nature a voulu nous donner quelque supériorité sur
nos semblables.

la guerre , et nous verrons une nation toujours fière et toujours magnanime dans ses
prospérités comme dans ses revers; nous
verrons une nation qui a successivement combattu toutes les autres avec leurs troupes et
leurs armes. Il était merveilleux l'art que les
Romains avaient de se servir de leurs alliés
pour soumettre leurs ennemis ! elle était admirable la pratique qu'ils observaient d'accorder des trèves aux plus faibles des nations qu'ils avaient en même tems sur les
bras ! elle était bien adroite la politique que
le sénat employait de dissimuler toutes sortes
d'injures pour attendre que le tems de la
vengeance fût arrivé ! Rien n'était négligé par
les Romains lorsqu'il était question d'étendre
au loin leur puissance : enfin il n'est pas de
nation moderne qui osât concevoir ce qu'ils
ont exécuté. Il n'existe plus un tel peuple
dont la vie fut comme un phénomène. (1) Mais

---

(1) Je me trompe : les Français, dans ces derniers
tems, ont surpassé les Romains. Les guerres formidables qu'ils ont soutenues contre tant de nations coali-
sées feront époque dans l'histoire. La postérité sera
étonnée de la bravoure que ce peuple généreux a dé-
ployée contre ses ennemis.

2.   6

tout devait concourir à l'agrandissement de
la république : Rome faisait continuellement
des sacrifices à *Mars* et à *Jupiter*, afin qu'ils
ranimassent le courage de ses troupes. Rome
dans ses entreprises joignait la prudence et la
valeur à l'ambition qu'elle avait de s'agrandir. Rome ne cessait d'exercer ses jeunes
citoyens à la course, à la natation, à la lutte,
au pugilat. Rome, renfermant dans ses murs
l'élite de tous les soldats du monde, avait
seulement à combattre des gens moins aguerris
et plus faibles. Les états modernes ne peuvent avoir cet avantage. Aujourd'hui la tactique est connue presque également partout;
la discipline est presque partout la même :
toutes les nations sont versées dans l'art militaire; toutes les puissances se tiennent sur
un pied de défense respectable; il n'en est
aucune qui n'ait les yeux ouverts sur les
autres; et cette surveillance mutuelle fait
qu'elles connaissent leurs forces respectives.

Voici quels furent les avantages des Romains dans les guerres qu'ils firent pour
s'agrandir : après avoir soumis les peuples
voisins et les peuples éloignés, ils étaient, dans
leur ville, comme des idoles dans leur sanc-
tuaire, vénérés, ou, pour mieux dire, re-

doutés de toutes parts. Des bras armés étaient continuellement levés pour les garantir ; ils dominaient sur les provinces : essuyaient-ils quelque disgrace, elles la reparaient ; avaient-ils besoin d'argent, elles leur payaient des subsides ; perdaient-ils beaucoup de soldats dans une bataille, ils recrutaient chez elles ; en un mot, la joie et la liberté étaient dans Rome, l'esclavage et la désolation dans les provinces ; et ce droit de bourgeoisie, qu'ils accordèrent si chèrement dans la suite aux nations magnanimes, fut une ruse de leur part pour les attacher à leur conquête et les faire servir à leur ambition. Les provinciaux étaient les instrumens avec lesquels le peuple de la ville combattait et étendait ses victoires : ils étaient bien confédérés ; mais les tributs que Rome leur imposait pour subvenir aux frais de la guerre les fatiguaient sans cesse.

Quoi qu'il en soit des conquêtes, la guerre n'est pas moins un fléau destructeur ; les avantages qu'on y remporte sont toujours plus apparens que réels. Lisez toutes les histoires, et vous verrez que les nations se sont également détruites dans la victoire comme dans la défaite : que d'irruptions n'a-t-on pas vues tour à tour des unes chez les autres ! à quoi ont-elles servi ? A dévaster les empires.

Les états de l'Europe se sont toujours mis en équilibre les uns avec les autres. Quand *Louis XIV* eut agrandi sa puissance par la terreur de ses armes, toute l'Europe s'alarma; l'Allemagne, la Hollande, la Suède firent un traité d'association derrière le Danube; les Anglais, les Espagnols s'agitèrent; le prince d'Orange mit en mouvement toutes les cours pour leur faire prendre les armes. Le même ébranlement s'était fait en Europe dans le tems que *Philippe II* menaçait de tout envahir. C'est depuis l'accroissement de ces deux puissances que les troupes sont devenues l'objet principal des rois de l'Europe, et que, par une aveugle rivalité, elles se sont accrues à un tel point, que dans la paix ils en ont trois fois plus qu'il n'en faudrait dans la guerre.

Le sceptre apparent de la monarchie européenne ayant passé successivement dans les mains de plusieurs rois, a été la cause des commotions les plus violentes. *Charles-Quint, Philippe II* et *Louis XIV* parurent un moment s'en emparer; mais ce ne fut qu'un fantôme qui aussitôt s'évanouit. *Tamerlan* et *Scha-Nadir* ont paru aussi un moment tenir dans leurs mains le sceptre asiatique; mais ces

colosses de fumée se sont bientôt dissipés.
Que sont donc devenus tous ces guerriers
qui ont rempli l'univers de frayeur et d'admiration ? Ils ont disparu comme la cendre
des édifices qu'ils ont brûlés, des villes qu'ils
ont embrasées. *Alexandre*, après avoir fait les
plus vastes conquêtes, entre dans le sein de
la terre pour demeurer dans un repos éternel. O contraste étonnant! celui que le monde
n'avait pu contenir est réduit à six toises de
terrein! la terre a dévoré dans un instant un
monarque qu'elle semblait ne pouvoir contenir; elle possède les misérables restes de
celui qui avait dépouillé toutes les nations.
Il avait donc bien raison le héros de la
Perse (1) d'avoir fait graver sur son tombeau
cette épitaphe : *Passant, ne m'envie pas*
le peu de terre qui couvre ma pauvre cendre.
Homme orgueilleux, voilà ton dernier asile !
valeur, bravoure, grandeur, génie, vertu,
honneur, gloire, fermeté, héroïsme, la terre
a tout englouti ! Rappelons ici ce que le grand
Saladin fit à la veille de sa mort. Le drap
qui devait l'ensevelir fut déployé devant sa
porte, avec cette inscription : *Voilà tout ce*

(1) *Cyrus.*

*que le vainqueur de l'Orient a emporté de
ses conquétes.*

Les guerres sont désastreuses à proportion
des ressources des empires. Celles qui s'allument parmi les nations riches sont certainement
les plus cruelles; mais pourtant les maux qui
en résultent sont bientôt guéris : la vigueur
qui les fait agir avec plus de violence les aide
à se rétablir avec plus de promptitude. Ceci
est prouvé par les guerres très-récentes de la
France avec l'Autriche. On est étonné des
moyens que ces deux puissances ont déployés
l'une contre l'autre (à cela près que la dernière avait des auxiliaires, et que la première
n'en avait point.) Après les pertes qu'elles
avaient faites dans les guerres précédentes,
il semblait qu'elles ne dussent jamais plus se
battre, et après cinq années de paix elles ont
recommencé leurs hostilités avec plus de
vigueur qu'auparavant. L'empereur *François I*[er]. avait formé des magasins si immenses
d'armes et de munitions de bouche, qu'il se
trouvait en état de soutenir la plus longue de
toutes les guerres. L'empereur *Napoléon* avait
pris des mesures si rapides et si pressantes,
que dans trois mois la guerre s'est terminée
par une victoire qui a fait tomber les Autri-

chiens, les Russes et toutes leurs provisions au pouvoir des Français.

Quand deux riches puissances arment l'une contre l'autre, elles le font dans la vue de se porter des coups terribles; mais les blessures qu'elles reçoivent, quelque profondes qu'elles soient, sont bientôt fermées. Quand, au contraire, les hostilités ont lieu entre deux états pauvres, on ne peut voir dans cette folie qu'un mélange de faiblesse, qu'un combat vraiment fâcheux, qui les conduit pas à pas de la convulsion à l'abattement, et de l'abattement à la mort. Quand enfin la guerre éclate entre un état riche et un état pauvre, elle est ordinairement moins cruelle, parce qu'elle ne peut être longue : cette guerre opère le bien ou le mal, selon l'esprit du conquérant. Par exemple, le peuple vaincu y gagne si, après avoir posé les armes, le vainqueur le traite avec humanité, comme fit jadis *Alexandre*, qui s'appliqua à unir toutes les nations, en soulageant celles qui étaient pauvres par celles qui étaient riches. Mais il y perd si le vainqueur le soumet à l'esclavage, comme ont fait les Espagnols envers les Péruviens, et comme ont fait les Russes envers les Polonais; barbarie d'autant

plus horrible qu'il n'y a aucune résistance
d'un côté, ni aucun risque de l'autre.

Dans l'histoire ancienne comme dans l'histoire moderne, on voit que les mêmes peuples
ont usé de la victoire tantôt avec modération,
et tantôt avec rigueur, selon que les princes
qui les gouvernent ont voulu faire redouter
ou chérir leur puissance. Dans le traité que
les Romains firent avec les Latins après la
victoire du lac de Regile, on ne trouve
rien qui exprime l'assujettissement des vaincus; mais il n'en fut pas de même dans le
traité qu'ils firent avec les Syriens, par
lequel ils imposèrent à *Antiochus* les conditions les plus dures qu'un grand prince ait
jamais pu recevoir; il n'en fut pas de même
encore dans le traité qu'ils firent avec *Philippe*, par lequel ce roi de Macédoine se
réduisit à la paix la plus honteuse, c'est à
dire à l'abandon de toutes ses forces; non
plus que dans cet autre traité conclu avec
Annibal, par lequel Carthage fut obligée de
donner des ôtages, de livrer ses flottes et ses
éléphans. (1) Après la prise de Candie, faite

_____

(1) Voyez ces faits dans la Grand. et Décad. des
Romains, chap. 5 et 6.

en 1669, le visir *Achmet Cuprogli,* qui
commandait les troupes ottomanes, montra
une douceur et une générosité peu communes envers les Vénitiens, qui avaient dé-
fendu cette île pendant trois ans de siège
avec une opiniâtreté si grande, qu'il y périt
sept pachas, quatre - vingts officiers, dix
mille janissaires et un nombre très-considé-
rable d'autres troupes. Mais après la prise
de Cypre, arrivée en 1570, le sultan *Mus-
tapha,* désolé d'avoir perdu beaucoup de
soldats devant *Magosa,* forte place de cette
île, exerça les cruautés les plus inouies sur
les malheureux Vénitiens qui l'avaient dé-
fendue avec un courage héroïque. Au 15ᵉ
siècle les mêmes Turcs, sous la conduite de
Mahomet II, n'en usèrent point avec les
Grecs qu'ils avaient vaincus comme aux 10ᵉ
et 11ᵉ siècles, sous la conduite de *Motussen*
et de *Togrulbeg,* ils en avaient usé avec les
Arabes dont ils avaient adopté la langue, la
religion et les mœurs; ils avaient respecté les
derniers, et ils maltraitèrent les premiers.
Sous *Charlemagne* les Français, après s'être
emparé de la Lombardie, traînèrent *Didier,*
son roi, dans un cloître, où il vécut et mourut
moine et captif; sous *Louis XIV* ils furent

tour à tour modérés et cruels envers les vaincus; et sous l'empereur *Napoléon* ils les traitent toujours avec générosité.

Si tous les conquérans chrétiens écoutaient la voix de la nature et surtout de la religion, ils n'auraient point dans les succès de la guerre cette âpreté de caractère qui les rend quelquefois si cruels. Elle était excellente la pratique qu'on suivait à Rome pour ralentir la fougue et tempérer l'orgueil de la victoire ! tandis que le vainqueur marchait au milieu de la pompe triomphale, un héraut lui criait par derrière : *Souviens-toi que tu es mortel.* Cette coutume d'honorer la bravoure en humiliant la fierté eût été bien belle si elle avait servi à adoucir le héros envers le peuple vaincu comme envers le peuple vainqueur; pour lors les Romains auraient moins abusé de la victoire.

La plupart des princes, entraînés par l'amour de la gloire, ont suivi leur plan de conquête avec une fureur qui tenait de la férocité. Comme le délire de l'orgueil étouffait dans leur cœur le sentiment de l'humanité, ils se sont permis sur les pays conquis les plus affreuses dévastations. Tel a toujours été le droit de la guerre dans l'Europe, qu'on ne s'est

pas borné à faire à son ennemi tout le mal
dont on a pu tirer du profit, mais encore tout
le mal qu'on a pu lui causer à pure perte, et
qui plus est tout le mal qu'on a pu lui faire
en se détruisant soi-même : mais en s'attachant
plus à détruire qu'à acquérir, le conquérant
devient ennemi de lui-même, et travaille à sa
propre destruction.

Ces plans de conquête, de la manière qu'on
les exécutait autrefois, semblaient naître plutôt
de la colère que de l'ambition : car l'ambition
tâche de conserver les avantages qu'elle remporte; mais la colère n'a jamais été capable
que de détruire.

Dans tous les états, dans toutes les sectes,
chez les idolâtres, chez les juifs, chez les
mahométans, chez tous les autres religionaires
il y a eu tour à tour de bons et de mauvais
princes. L'empire romain a eu ses *Néron* et
ses *Marc - Aurèle*; la Grèce ses *Lysandre*
et ses *Thémistocle*; la Judée ses *Achas* et
ses *Josaphat*; la Turquie ses *Sélim* et ses
Amurath; l'Angleterre ses *Henri VIII* et ses
Alfred; la France ses *Charles IX* et ses
Henri IV.

Les bons rois sont ceux qui vivent en paix

avec leurs voisins, qui savent faire la guerre
dans le cas de nécessité, qui se font des alliés
fidèles, qui rendent leurs peuples heureux.
Tous les sujets qu'ils conservent par le moyen
de la paix sont autant d'hommes qu'ils enlèvent
à l'ennemi sans faire la guerre. Le paisible
Rolond devint un sage législateur dans le
nord de l'Europe; c'est lui qui abolit le
vol chez les Danois, qui jusque là n'avaient
vécu que de brigandage, et leur inspira
l'amour de l'agriculture. Le vertueux *Trajan*
fut un prince qui joignit la qualité de grand
homme de guerre à celle de grand homme
d'état; la sagesse et la valeur se trouvèrent
réunis au plus haut point dans cet homme
incomparable : aussi ce fut un bonheur d'être
né sous son règne.

Ce qui devrait désabuser les gouvernemens
de la folie des conquêtes, c'est que, malgré
toutes les guerres qui ont eu lieu depuis bien
des siècles, il n'est guère arrivé qu'une grande
puissance en ait envahi une autre. Tous
les grands états dans l'Europe, dans l'Asie,
dans l'Afrique, ont gardé à peu près leurs limites : ils ont pu éprouver des secousses
violentes, mais ils ont bientôt repris leur as-
siette. Il n'y a rien de plus absurde que la chi-

mérique ambition de vouloir tout ranger sous
sa domination. Les *César*, les *Charles XII*,
en voulant conquérir l'univers, n'ont montré
que le néant de l'orgueil humain. Les *Char-*
lemagne, les *Charles-Quint*, les *Louis XIV*,
dans le tems de leur grandeur, jouèrent le
prèmier rôle parmi les puissances de l'Europe;
mais il furent encore loin de la monarchie
universelle. J'avoue qu'à travers cette longue
suite de guerres il a pu se faire quelques
changemens; car telle était jadis la politique
des cours, que les grands princes, après s'être
ruinés inutilement dans de longues guerres,
convenaient d'expulser les petits princes de
leurs états pour se partager leurs dépouilles
à titre d'indemnité : c'est alors que l'on voyait
l'empire de la force dans toute son étendue.
Que deux puissances se fissent, dans leurs
hostilités, tout le mal possible; qu'elles em-
ployassent toutes les ruses, tous les artifices
pour se subjuguer, cela se conçoit : mais que
deux puissances rivales, après s'être long-
tems déchirées, attaquassent de sang-froid
une troisième puissance qui était en paix pour
la détruire, parce qu'elle était plus faible,
à dessein de se récupérer de leurs pertes,
c'était le comble de la férocité et de l'injus-

tice; mais c'était encore un aveuglement, c'était une pratique abominable qui devenait funeste à ceux-là même qui croyaient en profiter; car, dans le système de l'équilibre, les petits princes servent toujours de bouclier aux grands potentats, parce que c'est sur eux qu'ils émoussent leurs glaives; et quand ils n'existaient plus, politiquement parlant, les grandespuissances,plusjalouses,parcequ'elles étaient plus voisines, se faisaient la guerre avec plus de vigueur et plus d'acharnement.

Il est deux sortes de conquérans : les uns sont humains et compatissans; les autres sont cruels et impitoyables : les uns subjuguent les viles passions; les autres sont subjugués par elles. Dans les premiers la raison triomphe des préjugés; dans les seconds les préjugés triomphent de la raison.

Les véritables conquérans sont ceux qui laissent dans leur marche des traces de leur souvenir en donnant de bonnes lois aux peuples; les autres sont des torrens dévastateurs qui ne font que passer. *Mahomet*, ce législateur musulman qui s'empara de la Mecque, et conquit par la persuasion et par les armes toute l'Arabie, que les Perses ni les Romains n'avaient pu subjuguer, inspira à ses peuples l'amour de la religion et des lois, avec le secours dequelles il les rendit heureux. Mais son successeur *Omar* fut un des plus rapides conquérans qui aient ravagé le monde : il chassa de la Syrie les Grecs, prit la ville de Jérusalem, subjugua la Perse, et renversa les lois de ce pays pour y dicter les siennes. On trouve encore un exemple de ce contraste dans l'histoire de France: *Charlemagne* avait réuni de vastes états sous son empire; mais dans ses conquêtes il ne respecta point les lois ni la religion des peuples; il pilla et rasa les temples des dieux; il massacra les prêtres sur les autels qu'il avait renversés; il laissa partout des marques de sa cruauté. *Napoléon*, au contraire, après avoir fait de grandes conquêtes, ne s'applique qu'à réparer les maux que la guerre a faits; il ne songe qu'à faire fraterniser les nations qu'il gouverne; il ne travaille que pour pacifier le monde, et faire fleurir le commerce, l'agriculture et les arts.

Souvent même les conquérans se trouvent en contradiction avec eux-mêmes par un mélange de bonnes et de mauvaises actions. *Sélim*, ce dévastateur des royaumes de Syrie et de Mésopotamie, après avoir vaincu *Tumanbaï*, dernier roi mameluck, lui confia le gouvernement de l'Égypte dont il lui avait ôté la couronne. Rien de plus beau dans l'antiquité que la générosité avec laquelle *Alexandre*, premier conquérant de l'Asie, traita *Porus*, roi des Indes; après l'avoir vaincu, il lui rendit tous ses états : mais aussi rien de plus horrible que la cruauté qu'il fit paraître en détruisant Tyr, et en brûlant Persépolis. *Tamerlan*, conquérant de la même partie du monde, enfermant dans une cage de fer le grand turc *Bajazet*, est un monstre qui fait horreur : mais *Tamerlan* déclarant grand sultan dans Burse, ville alors capitale de la Turquie, *Musa*, fils de ce même *Bajazet*, est un héros qui subjugue l'admiration. Mais je ne vois dans l'histoire ancienne et moderne aucun conquérant, qui, comme *Bonaparte*, ait été constamment avare du sang humain (1).

Quelque magnifique tableau qu'on trace de

_____

(1) Je ne peux résister au plaisir de citer les paroles que ce héros écrivit aux membres du directoire dans le tems qu'il commandait l'armée triomphante d'Italie : *Je m'estimerais plus fier de la couronne civique pour avoir sauvé la vie à un citoyen, que de la couronne de laurier pour avoir remporté une victoire sanglante.* Voilà, dans le sein de la victoire, un sentiment d'humanité digne d'admiration; c'est une

la modération, et quelque horrible peinture qu'on fasse de l'ambition, il est moralement impossible de détruire les guerres nationales : malgré les éloges qu'on donne à la vertu le vice est souvent triomphant; malgré le blâme que le vice reçoit la vertu est souvent persécutée. Toutes les religions ont prêché la paix et le désintéressement aux hommes; mais cela n'a pas empêché qu'il n'y ait eu des conquérans et des ambitieux chez tous les peuples. Sous le règne de *Chârles - Quint* l'Espagne, contre l'esprit du christianisme, a porté le pillage, l'incendie et le meurtre dans l'Amérique. Sous le règne de *Louis IX* la France, contre les préceptes de la même religion, a porté les horreurs de la guerre jusqu'au fond de l'Asie. Sous le règne de *Sélim I*. la Turquie, contre les lois de l'Alcoran, (1) a étendu

grandeur d'ame dont on ne trouve pas d'exemple chez les *Alexandre.* Eh! passerai-je sous silence ces expressions d'un cœur tendre qu'il a adressées à ses troupes après avoir accordé un armistice aux empereurs d'Allemagne et de Russie, tandis que sa position aurait pu lui donner de plus grands avantages en livrant un nouveau combat! *Je puis commettre une faute; mais enfin quelques larmes de moins seront versées.*

(1) Quand on dit que la religion de *Mahomet* est fondée sur le glaive et sur la destruction on dit une

ses conquêtes dans la Hongrie, dans la Syrie, dans la Mésopotamie et dans la Perse. Sous le règne de *Scha-Abas* la Perse, contre les préceptes de *Zoroastre*, mais pourtant avec raison, a tourné ses armes contre l'empire ottoman pour reprendre ce que *Sélim* et *Soliman* lui avaient enlevé. Sous le règne de *David* le royaume d'Israël, contre les lois de *Moïse*, s'est rendu maître de Jérusalam. Et pour citer le peuple le plus guerrier de la terre, Rome païenne, malgré les délices des Champs-Élysées, malgré les horreurs du Tartare, faisait plus fréquemment des sacrifices à ses

---

chose qui n'est pas exactement vraie : cela a pu être de la part du faux prophète, qui s'est servi des armes plus que de la parole pour l'étendre et l'accréditer; mais l'alcoran ne commande point la guerre, le meurtre, l'incendie, l'asservissement : tout au contraire; il fait un crime de l'usurpation, du brigandage, et un devoir de pardonner les offenses et de faire du bien à tous; car autrement ce législateur aurait échoué dans son entreprise, en excitant contre lui la haine et la vengeance, et paraissant agir pour son propre intérêt : ainsi, quand *Mahomet* a répandu le sang humain il a faussé l'esprit de la morale qu'il a transmise par écrit à ses successeurs, afin qu'elle devînt pour eux une règle de conduite. J'ai cru devoir faire cette réflexion pour qu'on n'ait pas l'idée que j'avance une fausseté.

divinités malfaisantes qu'à ses divinités bien-
faisantes; les portes du temple de *Janus*
étaient presque toujours ouvertes; au lieu d'y
offrir des prières, on y élevait des trophées;
au lieu d'y sacrifier les passions brutales, on
y immolait les sentimens les plus doux :
et quoique *Mars,* en répandant le sang des
hommes, fît verser des larmes à la déesse
Cérès; bien que *Mercure,* en protégeant
les voleurs, outrageât la déesse *Thémis,*
les crimes de l'ambition ne s'y commet-
taient pas moins sans remords, parce qu'on
les croyait permis, et même ordonnés; car il
faut observer que les Romains (1) ne faisaient la guerre qu'après avoir consulté les
aruspices qui devaient la déclarer agréable
aux dieux : (2) aussi auraient-ils cru man-

---

(1) Il faut entendre seulement cette portion du peuple
ignorante et crédule qu'on désigne en latin par le mot
vulgus; car les patriciens, les chevaliers, les grands et
tous ceux qui avaient quelques lumières connaissaient
l'abus; mais ils feignaient d'y croire, afin d'entretenir
la populace dans une opinion si favorable à leur ambition.

(2) « Tout tenait du prodige à Rome; il semblait que
ce fussent les dieux qui ordonnassent la guerre : en vérité, il n'y a pas de courage plus grand que celui

quer au plus saint des devoirs si après la victoire ils n'avaient offert une couronne à *Jupiter Capitolin*, en reconnaissance de ce qu'il les avait soutenus dans la guerre qu'il leur avait permise. C'est ainsi que l'idolâtrie, en sanctifiant le crime, faisait du peuple romain un troupeau de bêtes féroces.

Pour savoir combien la politique des Romains était injuste et cruelle envers les autres peuples, il faut considérer qu'ils joignaient toujours la superstition et l'audace à l'ambition la plus effrénée. Persuadés que les dieux

---

qu'inspire la superstition, parce qu'on semble le puiser dans une source sacrée, et qu'on ne voit le péril qu'en aveugle.

« Ainsi que *Tarquin*, *Servius* éleva des temples à la superstition, et il remporta des victoires sur les voisins de Rome. *Fabius*, cantonné au-delà du Vultur, consulta les devins, les augures, les poulets sacrés et les entrailles des victimes.

« Dans la bataille d'Allia, les augures que la superstition politique du sénat rendait si respectables au peuple, n'ayant pas été consultés, ce fut un motif de découragement pour les soldats. Ces petitesses entretenaient le peuple superstitieux dans l'idée que le ciel faisait des miracles pour la république. » MILLOT, *Élémens d'Hist. gén. Hist. rom., première époque.*

leur destinaient l'empire de l'univers., que le
ciel faisait même des miracles pour la pros-
périté de leurs armes, ils couraient aux combats comme à des victoires certaines : ils re-
gardaient toujours comme un bien qui leur
appartenait tout ce qu'ils pouvaient enlever
par la force ou par l'adresse; et si ces fiers
conquérans ne subjuguèrent pas les Parthes
et les Germains, c'est qu'ils n'ignoraient pas
que ces deux peuples, pauvres et courageux,
étaient capables de leur résister et de les
vaincre, comme firent les Sythes et les Tartares., les plus redoutables ennemis qu'ils eussent eu à combattre; c'est qu'ils savaient par
leur propre expérience que c'est le fer plutôt
que l'or qui rend les peuples braves.

CHAPITRE VIII.

Du Principe de la Guerre étrangère.

D'APRÈS les notions les plus communes il paraît que les peuples chasseurs ont dû être les premiers à s'armer contre les autres pour leur enlever leurs subsistances, soit parce que leur manière de vivre, étant plus pénible et plus incertaine, leur donnait plus de penchant pour la guerre et le brigandage, soit parce que la vie de chasseur a plus d'affinité avec ce métier destructeur que la vie de pêcheur, de berger et d'agriculteur, à cause de l'usage qu'on y fait des armes. Par la raison opposée il paraît aussi que les peuples agricoles ont dû être les seconds à faire la guerre pour se défendre contre les peuples chasseurs, pêcheurs et pasteurs qui sont venus en armes pour leur enlever leurs denrées, leurs vivres et leurs richesses.

Mais quel a été le premier des peuples agricoles qui a fait la guerre aux autres agricoles? Il n'est pas possible de résoudre cette question, parce que dans cet état de choses la

guerre dérive de diverses causes, selon la fertilité du terrein, le caractère des habitans,
la nature du climat, et surtout l'esprit du
gouvernement; car les gouvernemens sont
toujours analogues au génie qui a présidé à
leur origine. Les Romains ont été guerriers,
parce que *Romulus*, leur fondateur, fut un
conquérant : les Argiens ont été pacifiques,
parce qu'*Inachus*, leur fondateur, leur inspira l'amour de l'agriculture et des lois.

Diverses raisons ont pu également déter-
miner les peuples agricoles à prendre les armes
les uns avant les autres : peut-être que
les nations ne s'étant pas policées toutes à la
fois, les premières qui le furent, se trouvant
plus adroites et plus fortes, cherchèrent à
subjuguer les autres pour avoir de plus grands
avantages; peut-être que les premières qui se
civilisèrent, ayant goûté les douceurs de cet
état, s'opposèrent à la civilisation des autres
de peur qu'elles ne vinssent par la suite les
troubler dans leurs jouissances; peut-être que
les dernières qui se policèrent, étant jalouses
de n'être pas encore parvenues au degré de
civilisation des autres, s'armèrent contre elles
pour les priver de leurs richesses; peut-être,
enfin, (cette raison me paraît la mieux fondée)

que les nations qui vivaient sous un ciel moins doux , et cultivaient un terrein plus ingrat, firent des incursions chez celles qui jouissaient d'un meilleur climat et d'un sol plus fertile pour enlever leurs denrées : or, dans tous les cas supposés, les peuples qui ont alors fait la guerre ont eu en vue leur bien-être ; mais malheureusement pour eux ils n'ont pas pris la route qui y conduit.

L'homme est sur la terre pour vivre paisiblement avec ses semblables , et jouir d'un bonheur mutuel ; mais à mesure qu'il s'est associé les passions sont venues troubler cet état naturel à cause des objets agréables qui l'ont séduit. Avant la formation des sociétés il y avait des combats particuliers : un homme pouvait en attaquer un autre ; mais ces combats enlevaient bien peu de gens en comparaison des guerres nationales ; il faudrait multiplier étrangement les combats individuels ou singuliers pour égaler les pertes que l'on fait dans les batailles rangées. La guerre meurtrière, qui détruit l'assaillant comme l'assailli, est donc le fruit des sociétés politiques. Quoi ! les hommes se sont réunis pour assurer leur repos , et ils se jettent les uns sur les autres pour se détruire ! Ils sont donc en butte à des calamités mille fois plus grandes que celles qu'ils ont voulu éviter; en voulant préserver leur vie, sauver leurs propriétés, et se garantir contre la force, ils se sont enchaînés de ma- nière que les horreurs de la guerre se commu- niquent à tous les individus des états belli- gérans.

Puisque donc l'homme s'est réuni en so- ciété pour vivre en paix avec son semblable, le principe de la guerre ne peut se trouver que dans une civilisation vicieuse; c'est alors le résultat du gouvernement civil et politique; c'est à dire des rapports mal établis entre les hommes et entre les peuples. En effet, la guerre, soit d'homme à homme, soit de peu- ple à peuple, n'est pas une chose naturelle, parce que c'est un état violent qui les con- duit à la destruction, et il n'est pas vrai- semblable qu'aucun d'eux veuille la faire. Si jamais ils l'avaient voulu, ce n'eût été que dans l'idée qu'elle leur fût utile; mais ils ne se seraient trompés qu'une seule fois.

On trouve entre les peuples et les souve- rains le principe de toutes les guerres étran- gères, parce qu'il n'y a pas de liaison assez étroite pour les unir constamment dans les mêmes intérêts : cela vient de ce que dans les

gouvernemens civils les rapports humains ne
se font pas assez sentir entre les rois et leurs
sujets ; que leurs intérêts ne sont pas assez
confondus, ni leur bonheur assez dépendant : en effet, les peuples amis desirent
la paix, parce qu'ils sont animés d'une bienveillance mutuelle, qui a toujours pour fondement le solide bonheur ; mais les princes,
jaloux les uns des autres, veulent la guerre,
parce qu'ils se portent une haine réciproque,
qui n'a souvent pour principe que la vaine
gloire.

Si la société humaine pouvait subsister sans
gouvernement (je suppose ici une chose impossible), et que dans le même état chaque
citoyen observât exactement la loi naturelle
envers ses semblables, la paix régnerait alors
chez tous les peuples ; les états sont des corps
politiques composés d'une multitude d'individus qui ne se détermineraient jamais à la
guerre, parce qu'en se trouvant répandus sur
chaque territoire ils ne pourraient avoir une volonté simultanée qui pût leur inspirer une ambition commune pour une chose surtout désastreuse : or, si les gouvernemens sont souvent
portés à la guerre, c'est que les souverains,
généralisant la volonté des sujets, peuvent for-

mer des projets de conquêtes sans consulter les peuples; mais si les princes suivaient entr'eux la loi naturelle, ou pour mieux dire le droit des gens; si leur conduite était toujours conforme aux règles de la justice et aux principes de la raison, les peuples auraient alors l'avantage d'avoir la tranquillité au-dedans et la paix au-dehors.

On ne peut croire que les hommes se soient rassemblés pour se faire la guerre; ce serait poser une inconséquence et même une contradiction entre le principe et la fin de l'institution sociale : d'ailleurs, par l'opposition de l'intérêt public, et pour le bien de la paix générale, il serait absurde et même insensé de penser que les hommes eussent formé le dessein de se détruire; il vaudrait autant dire qu'en s'associant ils ont eu la guerre pour objet. Or, les nations n'existent point pour s'entr'égorger; mais quand elles ont confié l'autorité souveraine à des magistrats, ces magistrats ont conçu de l'ambition, de la jalousie; et leur propre volonté étant bientôt devenue la loi suprême, ils n'ont pas eu besoin de consulter ni de réunir les suffrages des citoyens pour faire la guerre; ainsi la guerre des peuples est devenue l'ouvrage des gouvernemens.

Avant qu'il s'établît différentes sociétés et diverses religions tous les hommes vivaient en communauté de biens, n'ayant d'autre maître que le créateur qu'ils adoraient sous l'image brillante du soleil ; le monde alors ne formait qu'une république immense dont les habitans, disséminés sur sa surface, ne reconnaissaient de bornes séparatrices que celles de la nature, c'est à dire celles qui sont posées par les mers, par les rivières, par les forêts, par les montagnes. Dans ce tems-là les hommes n'avaient que les besoins absolus qui dérivent de notre constitution physique; et comme la terre était moins peuplée qu'aujourd'hui et plus féconde, ses habitans avaient aussi moins de motifs pour se battre. Si quelque brigand venait enlever à l'homme paisible sa nourriture, le champ voisin lui en fournissait bientôt une autre.

Mais après que plusieurs sociétés et plusieurs religions furent établies, l'esprit humain s'exerça progressivement dans tous les genres d'utilité ; les ressources ainsi que les richesses se multiplièrent sous la main des hommes par une émulation universelle; bientôt le luxe et la magnificence, ces enfans de l'industrie, firent naître des besoins factices qui excitèrent l'orgueil et l'envie, l'ambition et la haine : de là vint tout à coup la guerre des nations. Aussi est-elle bien juste cette réflexion que fait *Mably* : (1) « Qui serait instruit de l'origine et des progrès des arts connaîtrait peut-être l'histoire de tous nos vices. »

D'un côté des hommes ambitieux, s'étant saisi du pouvoir souverain par la ruse ou par la force, et de l'autre côté des hommes intrigans s'étant emparé de l'esprit de la multitude par la persuasion ou par la contrainte, armèrent les peuples ; les premiers pour étendre leur domination sur d'autres peuples ; les seconds pour répandre leurs sectes et leur puissance dans tous les pays. C'est ainsi que *Mahomet*, ce fondateur de l'empire ottoman, parvint à faire recevoir sa religion aux Mecquois et aux Arabes, qu'il persuada ou qu'il soumit. Or, de tous les fondateurs de religions, il n'y a que l'auteur du christianisme qui ait fait goûter sa doctrine aux hommes en leur prêchant l'union, la concorde et la fraternité : (2) aussi les beaux préceptes de

---

1) Eut retiens de *Phocion*, 3ᶜ entretien.

(2) En opposant la religion chrétienne à la religion mahométane, on voit que la première est toute divine,

l'Évangile se sont-ils répandus dans tout
l'univers, malgré les ennemis que le despotisme lui a suscités, malgré les persécu-
tions qu'il a fait endurer à ses apôtres; et
ils auraient eu encore plus de prosélytes, et
ils seraient peut-être devenus les préceptes religieux de toutes les nations si le christianisme
s'était répandu paisiblement de lui-même,
c'est à dire sans les prédications trop ardentes
de ses ministres, qui ont fait souvent des chrétiens des hommes cruels et impitoyables.

En effet, si ceux de ses ministres qui s'en
sont détachés, et si ceux qui lui sont restés
fidèles, n'avaient pas, les uns par des opinions
contraires, et les autres par un zèle fanatique,
armé les peuples chrétiens sans autre raison

---

et que la seconde est purement humaine. *Jésus-Christ*
soumet les esprits par la pureté de ses préceptes et la
douceur de la persuasion; *Mahomet*, pour y parvenir,
emploie la force des armes: la conduite de l'un est exactement conforme à sa doctrine : la conduite de l'autre
est entièrement opposée à sa morale : le premier gagne
les ames en leur promettant le royaume céleste; le
second asservit les corps pour étendre sa domination
sur la terre. Or, telle est la différence du christianisme
et du mahométisme, que celui-ci est l'ouvrage d'un
fourbe, et celui-là l'ouvrage d'un Dieu.

que celle de vouloir massacrer ou asservir
des hommes d'une religion ou d'une secte
différente, le christianisme aurait sans doute
fait plus de progrès dans l'Europe et dans
l'Asie. Que de sang n'ont pas fait couler les
Croisades! La dernière, qui fut entreprise
contre l'Egypte par *saint Louis*, a fait dire
avec raison à *Voltaire* : (1) « Le projet n'eût-il
été que d'aller mettre les Français en possession de Jérusalem, ils n'y avaient aucun
droit; mais on marchait contre le vieux et
sage *Mélecsala*, soudan d'Egypte, qui certainement n'avait rien à démêler avec le roi
de France. *Mélecsala* était musulman ;
c'était là le seul prétexte de lui faire la
guerre; mais il n'y avait pas plus de raison
de ravager l'Egypte, parce qu'elle suivait les
dogmes de *Mahomet*, qu'il n'y en aurait
aujourd'hui à porter la guerre à la Chine,
parce que la Chine est attachée à la morale
de *Confucius*. »

Tandis que l'Asie mineure était le théâtre
sanglant du zèle, ou plutôt de la fureur de
tant de milliers de croisés, l'Europe septentrionale était désolée sur le même prétexte de

_____

(1) Essai sur l'Hist. gén., ch. 46.

religion ; le christianisme, ou pour parler
plus vrai, l'empire sacerdotal établi en Danemarck, en Suède et en Norwège, prêcha
une croisade contre les peuples de l'Escla-
vonie. Les chrétiens s'armèrent contre eux;
plus de cent mille croisés portèrent la destruction chez ces idolâtres. Beaucoup de gens
périrent, et personne ne se convertit. Si nous
jetons nos regards sur l'Amérique nous
voyons encore que vers le commencement du
seizième siècle les Espagnols, sous la conduite de *Cortès* et de *Pizarre*, ont porté
aussi le pillage et le meurtre chez les habitans du Mexique et du Pérou, pour leur faire
embrasser de force une religion qui leur pré-
chait la douceur et la fraternité; ce qui, pour
n'être que l'objet accessoire de leurs conquêtes, (car l'objet principal était de leur enlever leurs trésors et de les asservir) ne fut pas
moins la principale cause de tant d'atrocités.

Elle a été bien différente la conduite des
Hollandais dans les Indes ! ce peuple industrieux et riche fut regardé comme un libérateur par les Indiens, fatigués de la domination orgueilleuse et tyrannique des Espagnols.
Voilà ce qui leur donna la facilité de s'établir
et de se propager dans toutes ces riches con-

trées : ils eurent plus d'obstacles à surmonter
de la part des Européens que de celle des naturels du pays pour y établir leurs comptoirs.

Il n'est pas de guerres plus sanglantes que
celles que la superstition fait entreprendre :
les hommes qui sont armés par le fanatisme
se battent avec une fureur atroce ; les hommes
qui s'arment pour défendre leur religion
se battent avec un courage héroïque ; et de
cette double intrépidité naissent les plus horribles massacres, tels que ceux qu'on a vus
entre les chrétiens et les musulmans dans les
guerres des croisades ; tels que ceux qu'on
a vus entre les catholiques, les luthériens et
les calvinistes pendant les troubles qui ont
éclaté en France, en Angleterre et en Allemagne : car si les guerres que l'ambition fait
entreprendre causent de grands malheurs dans
les états quand les conquérans veulent renverser la religion des pays conquis, les
guerres que le fanatisme allume contre les
peuples d'une religion ou d'une secte différente doivent en causer de bien plus grands
encore, parce qu'alors le principe d'une
guerre de religion étant manifeste, on combat avec une fureur extrême en déployant
toutes les forces qu'on a pu rassembler pour

2.   8

la cause la plus juste; on pourrait dire encore la plus sacrée, abstraction faite du christianisme.

Pour la conversion des peuples qui ne croient pas à la religion chrétienne on n'aurait pas de plus bel exemple à imiter que celui des Portugais dans leurs découvertes en Afrique : quelque tems après qu'ils eurent converti *dom Alvare*, roi de Congo, et toute sa cour, ils le rétablirent dans ses états, d'où il avait été chassé par les Jagas et les Barbares. *Alvare*, en reconnaissance de ce bienfait, offrit de se rendre vassal de *Jean*, roi de Portugal; mais ce prince, ayant refusé cette soumission, acheva par sa générosité de gagner aux Portugais la confiance du peuple. Voilà par quelle voie les Portugais sont devenus si puissans dans le Congo! voilà comme ils l'ont rendu chrétien, non en massacrant ces peuples sous prétexte qu'ils étaient idolâtres, mais en les traitant comme des frères.

Mais grace au génie de la saine philosophie la superstition n'arme plus aujourd'hui les peuples pour les faire entre-détruire avec une fureur barbare, c'est à dire sans miséricorde: en cela nous sommes meilleurs que nos pères, qui s'égorgeaient pour des opinions diffé-

rentes sur le vain prétexte de venger la religion contre des hérétiques. Mais si ce n'est
plus le fanatisme qui met aujourd'hui les
armes dans les mains des peuples, c'est l'envie de s'enrichir; de sorte que nous sommes
retombés dans les mêmes malheurs par un
penchant opposé : c'est une cause différente
qui, sous un autre prétexte et pour une autre
fin, produit à peu près le même effet; ce qui
a fait dire à *Voltaire :* (1) « C'est depuis deux
siècles un des effets de l'industrie et de la
fureur des hommes que les désolations de
nos guerres ne se bornent pas à notre Europe;
nous nous épuisons d'hommes et d'argent
pour aller nous détruire aux extrémités de
l'Asie et de l'Amérique. Les Indiens, que nous
avons obligés par force et par adresse à recevoir nos établissemens; et les Américains, dont
nous avons ensanglanté et ravi le continent,
nous regardent comme des ennemis de la nature humaine, qui accourent du bout du
monde pour les égorger et pour se détruire
ensuite eux-mêmes. »

En remontant à l'origine des sociétés nous
voyons que les premiers guerriers ont été des

---

(1) Essai sur l'Hist. gén. tom. 7, ch. 179.

Sauvages. Les Turcomans et les Scythes, qui habitaient autrefois au-delà du Taurus, s'étant répandus, vers le onzième siècle, du côté de la Russie, s'avancèrent jusque sur les bords de la mer Noire et de la mer Caspienne pour y exercer leurs rapines. Les Normands, ces sauvages qui habitaient les bords de la mer Baltique, n'ayant à cultiver que des terres ingrates, sans manufactures et sans arts, faisaient des excursions fréquentes dans les pays cultivés pour vivre de brigandages; ils descendirent avec d'autres barbares jusque dans l'Afrique : ce sont ces mêmes sauvages septentrionaux qui inondèrent, vers le milieu du neuvième siècle, l'Angleterre, la France, l'Allemagne et l'Espagne.

De tous les peuples qui ont fait des irruptions dans des contrées étrangères, les uns y ont été forcés par la stérilité du sol de leur pays, les autres par les armes d'autres peuples; ceux-ci y ont été portés par l'appât du butin, ceux-là par les horreurs de la famine; et lorsque ces divers émigrans ont été nombreux, ils ont débordé avec violence chez des nations opulentes, les ont égorgées ou chassées pour s'emparer de leur territoire : c'est pour cette raison que nous voyons aujourd'hui dans l'histoire ancienne tant de pays qui n'existent plus sous les mêmes noms.

Le besoin qui vient de la pauvreté, et l'abondance qui découle de la richesse ont fait naître la guerre entre les peuples civilisés et les peuples sauvages : à peine un pays s'est-il trouvé un peu cultivé qu'il a été envahi par une nation indigente, chassée à son tour par une autre encore plus indigente. Les Goths, exerçant le pillage chez des peuples moins barbares qu'eux, fuient devant les Huns qui débordent de leurs forêts. Les Romains, pauvres, sans commerce et sans arts dans leur origine, font des courses chez les Toscans, les Tarentins et les capouans, pour s'emparer de leurs richesses. Les Gaulois, peuple alors abruti, descendent en Italie pour subjuguer ces mêmes Romains qui les avaient soumis. Les Tartares, peuple encore féroce, font en Asie des incursions continuelles sur les terres des autres peuples pour y exercer leur brigandage. Et si pendant plusieurs siècles on a vu en Europe tant d'irruptions de barbares, tant de villes saccagées, tant de pays dévastés, c'est que la plupart des peuples, n'ayant pas encore chez eux le gage de leur subsistance, étaient obligés de l'aller chercher chez leurs voisins : de là ces émigrations, ces ravages et ces massacres continuels.

L'histoire fournit encore bien des exemples de ce que j'avance : les Gépides, après avoir abandonné leurs marais pour chercher un meilleur pays, ont fait irruption dans l'empire romain dans le tems de sa décadence. (1) Les Maurusiens, ne pouvant résister aux Hébreux, ont quitté leurs demeures pour se réfugier en Afrique, d'où ils ont chassé d'autres peuples. Les Gaulois, attirés par l'amour des richesses, ont marché en Espagne, sous la conduite de *Sicovèse,* pour conquérir ce royaume. Les Suisses, manquant de vivrés dans leurs montagnes à cause de leur grande population, ont fait des incursions en Bourgogne, et menacé d'envahir l'Italie du tems de *Jules - César.* Quoique de pareils traits tournent à la honte des nations, un publiciste est obligé de les mettre au jour pour pré-

---

(1) En 406 une fameuse irruption de Barbares, Alains, Vandales, Suèves, accabla la puissance romaine dans la Gaule; et ces mêmes peuples, ayant franchi les Pyrenées pendant que les Romains étaient divisés, mirent toute l'Espagne à feu et à sang.

server à l'avenir les états de semblables calamités.

Rien ne prouve mieux que la guerre est
venue du défaut de civilisation que l'histoire
des peuples barbares que nous venons de
citer. Des hommes sauvages, devenus guerriers, ou pour mieux dire brigands, ont fait
des courses chez les hommes civilisés pour
se procurer les subsistances dont ils manquaient, trouvant plus aisé de vivre de rapine
que de cultiver la terre. (C'est ainsi que vivaient les Véneniens et les Cattes, au rapport
de *Tacite*.) (1) Et si les hommes, naturellement paresseux, sont devenus laborieux, c'est
qu'en général ils ne pouvaient vivre de brigandage. Il y a pourtant encore, à la honte de
l'humanité, des peuples qui ne vivent que de
cette manière; tels sont les Arabes, les Morlaques et tous les Tartares qui habitent la
partie orientale du Turkestan.

Mais comme dans l'Europe moderne l'agriculture, le commerce et les arts fleurissent et
répandent partout les richesses et les jouissances, ses habitans ne sont plus dans le cas
de se livrer au pillage pour subsister. La

---

(1) *De Mor. Germ.*, cap. 46. Annal., lib. 12, cap. 27.

guerre n'est donc point fondée à présent sur
le défaut de civilisation, mais sur le vice de
la civilisation, sur les mauvais rapports qui
sont établis entre les nations par les gouvernemens. Dans la plupart des états les rapports
civils et politiques ne sont pas assez bien ex-
primés entre les peuples par leurs délégués; il
importerait que les peuples rendissent étroites,
autant que possible, leurs relations politiques
en ne donnant aux souverains que la somme
d'autorité nécessaire au bon gouvernement.
Alors il n'y aurait plus de guerres étrangères,
parce qu'il faudrait recueillir le vœu national
avant de la déclarer. (1) Il n'est pas naturel
qu'un homme exerce sur ses semblables un
pouvoir si absolu qu'il puisse les faire com-

---

(1) Il faut entendre par ceci l'approbation préalable
des hostilités. Or, le peuple, dont l'intention est toujours droite, ne consentirait à la guerre qu'autant
qu'elle serait conforme à la justice, et nécessaire pour
sa conservation. Peut-être, dira-t-on, que la longueur
de cette formalité pourrait compromettre le salut de
l'état : cela serait vrai si la règle n'était que particulière; mais en la rendant générale on aurait alors l'avantage d'établir parmi les nations une paix continuelle :
d'ailleurs on ne saurait mettre trop de lenteur quand
il s'agit d'écarter le fléau de la guerre.

battre malgré eux. L'orgueilleuse Rome le sentit si bien qu'elle divinisa ses empereurs pour ne pas paraître obéir à des hommes, mais à des dieux; encore le sénat ne faisait aucune déclaration de guerre qu'elle ne fût approuvée par le peuple.

Si avant de faire la guerre le monarque de chaque état consultait ses sujets, la paix régnerait toujours dans le monde : il n'y a pas d'apparence qu'une nation voulût jamais soumettre une autre nation, puisqu'étant soumise elle-même à un souverain quelconque, elle rendrait son état plus malheureux. Il faudrait pour cela qu'elle eût (ce qui n'est pas vraisemblable) la volonté d'agir contre son propre intérêt; car en devenant plus nombreuse elle serait plus mal gouvernée, parce que l'empire serait trop étendu. Il est un rapport convenable entre la puissance royale et la force nationale, c'est à dire entre la personne unique du prince et le grand nombre des sujets; et il importe de les mettre dans une juste proportion pour former un bon gouvernement.

Le monarque d'un trop grand état ne s'accorderait pas plus avec son peuple que cent millions de sujets ne s'accorderaient avec un

seul maître; la distance serait trop grande
pour pouvoir établir un juste rapport entre le
commandement et l'obéissance; c'est pour cela
qu'on a établi, même dans les états d'une
étendue convenable, des rangs intermédiaires
pour les unir : malheureusement ces rangs
intermédiaires, en se rapprochant trop du
souverain, s'éloignent trop du peuple, et la
barrière qui devrait le garantir de l'oppression est souvent ce qui la fait éclater avec plus
de violence.

La jalousie ou l'ambition des gouvernemens fait que très-souvent les guerres ne sont
fondées que sur de vaines prétentions, et
quelquefois elles n'ont pas d'excuse; cela est
si vrai que de toutes les puissances qui se
coalisèrent contre la France, lorsqu'elle voulait se régénérer, il n'y en eut pas une qui
pût alléguer un prétexte de guerre; ce fut
une ligue à peu près semblable à celle que
Louis XIV forma vers l'an 1670 avec l'Angleterre et la Suède pour envahir la Hollande
pendant qu'elle était divisée en deux factions;
mais grace au génie de ses généraux et au
courage de ses soldats, tous les efforts de ses
ennemis ont été inutiles; et la France, loin
d'être démembrée, s'est agrandie par les plus
belles conquêtes.

D'où viennent donc tant de calamités?
Des passions des princes excitées par les courtisans. Entrons pour un moment dans la
plupart des cours monarchiques ; nous y verrons un conseil qui règle les affaires générales,
qui s'occupe en même tems de choses très-
grandes et de choses très-petites, qui traite
quelquefois avec légèreté les questions les plus
graves, et avec gravité les questions les plus
frivoles, qui décide toujours mal de la destinée de tout un peuple, qui ne sait jamais
bien apprécier les forces mouvantes des empires. Ce conseil est composé dans quelques
cours européennes de personnes qu'on appelle
de qualité, de gens de faveur et de femmes
de la même espèce.

Le mal public ne vient point de ce qu'il y
a un conseil aulique dans chaque état ; mais
de ce que ce conseil est souvent mal composé :
il faudrait qu'il fût rempli, comme le fut
autrefois celui de l'empereur *Marc-Aurèle*,
et comme l'est aujourd'hui celui de l'empereur *Napoléon*, de gens de probité et de lumières, pour que sa politique fût sage ; mais ce
n'est point là le caractère des courtisans, ce
n'est pas non plus d'hommes de cette trempe
dont le souverain s'environne. A un roi qui

se regarde comme étranger au milieu de son royaume pour être l'ennemi de son peuple; qui est plongé dans l'oisiveté et dans l'ennui au sein de sa cour, il faut auprès de lui des gens qui flattent son orgueil, qui caressent ses passions, qui contentent ses desirs, qui préviennent ses caprices, qui dictent ses volontés, qui l'inspirent, qui l'amusent et qui l'encensent : c'est alors que l'intrigue, l'ambition, la perfidie, la méchanceté, le crime règnent dans le palais; que le prince stupide, égaré par les mensonges et corrompu par l'air impur de la fourberie, devient un être féroce à la tête du gouvernement; c'est alors que l'infortuné monarque se trouve séparé de ses véritables sujets par une barrière de flatteurs qui lui déguisent la vérité sous un voile apparent, et devient tout à coup une idole entourée d'un grand nombre d'adorateurs qui lui font de continuels sacrifices, et versent en libation sur son trône les sueurs du peuple pour faire couler sur leur tête des ruisseaux de graces.

L'homme, en général, est si avide de louanges, qu'il ne distingue pas celles qui sont vraies d'avec celles qui sont fausses; il ferme les yeux sur la qualité des personnes qui le

louent, et prend toujours pour des éloges
ce qui n'est bien souvent qu'une basse adulation. L'amour-propre s'aveugle facilement
sur la nature d'une chose qui le flatte ; il ne
faut donc pas être surpris que des hommes
environnés de complaisans aiment la flatterie,
tant parce qu'elle leur cause des charmes
que parce qu'ils n'ont pas assez de mérite
pour obtenir des louanges sincères ; car on
ne peut donner à la vertu que de vrais
éloges ; il n'y a point d'adulation pour elle :
mais il est des rois qui ne sont guère vertueux ; et parmi ceux dont les qualités sont
excellentes il serait encore rare d'en trouver
un qui n'éprouvât le sort d'*Idoménée* (1)
s'il était placé entre deux favoris, l'un fourbe,
hardi et excusant ses défauts ; l'autre ingénu,
sincère, et lui parlant librement le langage
de la vérité, car à coup sûr il succomberait
comme ce prince sous les traits de la perfidie.

Il résulte de ce que nous avons dit que
la guerre est d'abord venue de ce que les
hommes ont été sans police et sans arts, et
qu'ensuite elle a eu lieu parce que les peuples
n'ont pas encore été bien civilisés. Or, une

---

(1) Télémaque, liv. 13.

bonne administration établirait la tranquillité au-dedans et la sûreté au-dehors de
chaque état. Nous voyons par l'histoire que
comme le peuple romain était toujours agité
par la violence de son gouvernement, les
magistrats, soit pour se mettre à couvert de
ses vengeances, soit pour assouvir leur ambition, le lançaient continuellement contre
les nations étrangères. Or, l'exemple funeste
de Rome a fait ériger en maxime qu'une
guerre étrangère était souvent nécessaire pour
sauver les états des troubles intérieurs.

~~~~~~

CHAPITRE IX.

De l'objet de la Guerre étrangère.

Nous avons vu que dans l'origine des sociétés les hommes n'ont pas pris les armes
pour conquérir du terrein, mais pour piller
les denrées provenant de sa culture : alors
les peuples encore sauvages passaient chez
les peuples déjà civilisés, et leur enlevaient
leurs provisions de bouche. Telle a été la
conduite des premiers guerriers. Rome nais-
sante fit sous son fondateur la guerre pour
subsister ; les Germains l'ont faite autrefois
pour subsister ; les Morlaques et les Arabes
la font aujourd'hui pour subsister ; et si les
états septentrionaux de l'Europe étaient encore dans la situation où ils se trouvaient
lorsque leurs habitans ne cultivaient point
les terres, on verrait les Danois, les Lapons,
les Suédois, les Bothniens, les Finlandais et
les Livoniens encore obligés de courir sur
les terres cultivées pour se procurer leurs
subsistances.

Il ne faut pas être étonné s'il y a eu tant

de peuples abrutis qui aient exercé le brigandage sur les terres cultivées. *Voltaire* a
remarqué (1) qu'avant le seizième siècle plus
de la moitié du globe ignorait l'usage du
pain et du vin; qu'une grande partie de
l'Amérique et de l'Afrique orientale l'ignore
encore, et qu'il faut y porter ces nourri-
tures pour y célébrer les mystères de notre
religion. Or, je crois qu'on pourrait répéter
la même chose aujourd'hui sans craindre de
se tromper, ne fût-ce qu'à cause des pays
immenses qui sont encore à découvrir, et
des peuples barbares chez lesquels on n'a pas
encore pénétré. Les Lapons, les Nègres, les
Cafres, les Hottentots et tous les Tartares
ne sont-ils pas encore des peuples qui ne
vivent que de bétail ou de rapine?

Dans le principe on n'a donc fait la guerre
que pour satisfaire des besoins absolus : alors
l'industrie humaine n'avait pas encore créé
toutes ces commodités de la vie qui ont
excité dans la suite la cupidité et l'envie des
hommes; et ce n'a été que long-tems après
la formation de la société qu'on a fait la

---

(1) Essai sur l'Hist. gén., tom. 6, ch. 164.

guerre pour accumuler des richesses, pour acquérir de la gloire, et pour contenter l'ambition et l'orgueil. Mais on s'est étrangement trompé ; car l'ambitieux le plus favorisé de la fortune n'est jamais content de ses prospérités. *Est-ce là tout ?* s'écrie *César* tenant dans ses mains l'empire du monde.

L'objet de la guerre est à présent la conquête, et l'objet de la conquête est sa conservation. De ce principe fondamental découlent toutes les lois du droit des gens. C'est par erreur que *Rousseau* a dit (1) que l'objet de la guerre est la destruction de l'état ennemi ; maxime qui devient souvent la source de bien des calamités. Toutefois cela n'est malheureusement que trop vrai quant au fait, mais il est faux quant à l'intention : (2) on ne peut pas supposer l'homme assez méchant pour

***

(1) *Contrat Social*, liv. 1, chap. 4.

(2) L'auteur que nous venons de citer a pris le résultat des hostilités pour le but. Comme il est impossible de faire la guerre sans dévaster les campagnes, il s'en suit nécessairement la destruction des états ; mais ce n'est pas l'objet direct des puissances belligérantes, qui n'exercent ces ravages que parce qu'elles y sont obligées pour leur propre conservation ; car dans la chaleur du combat, où chacun cherche à

faire le mal par l'amour du mal même. Certes, on ne fait pas la guerre à dessein de nuire ; on la fait parce qu'on la croit utile, tant pour accroître ses jouissances que pour n'avoir plus rien à craindre de ses ennemis ; et si l'on pouvait se rendre maître d'un état sans coup férir on le ferait, parce qu'alors on le posséderait tout entier : cela est si vrai, que les plus grands conquérans se sont toujours empressés de réparer les maux que la guerre a fait éprouver aux peuples conquis.

Il est hors de doute qu'un peuple prend les armes plutôt dans la vue d'opérer son propre bien que de faire du mal à un autre peuple ; mais, pour le malheur du genre humain, les deux contraires sont tellement inséparables, qu'un état ne peut remporter des avantages qu'au détriment de l'autre. Or, comme la guerre n'est qu'une alternative de succès et de revers, d'adversité et de fortune, il arrive qu'on nuit à son ennemi à pure perte. En effet, la guerre est un état de convulsion ou

---

porter les coups les plus terribles à son ennemi afin de n'être pas subjugué, on est nécessité et même autorisé à détruire les propriétés, puisqu'on a alors le droit de détruire les personnes.

d'effort, et tout effort use et détruit les forces
de celui qui le fait.

Peu importe qu'un royaume soit plus ou
moins étendu : s'il est grand il aura plus de
moyens, mais aussi aura-t-il plus de besoins ;
et quand les besoins augmentent plus qu'à
proportion de la grandeur de l'état ; quand
on a toujours plus de besoins que de moyens,
et qu'il y a même des moyens qui ne suffisent
pas aux besoins, il vaut mieux alors vivre
dans un empire plus resserré. Au reste, un
monarque n'a-t-il pas assez de quoi exercer
tout son génie quand il doit travailler pour
le bien de vingt-cinq millions de sujets ; et si
la vraie jouissance d'un prince consiste à
rendre son peuple heureux plutôt que de
régner sur un vaste empire, il est alors de
son intérêt autant que de sa gloire d'être
placé à la tête d'un état d'une grandeur convenable. (1)

---

(1) L'empereur des Français, cet homme incomparable dans l'art de la guerre et du gouvernement, a si
bien senti que la nature assigne aux états des bornes respectables, que dans le dernier traité de paix il a fait
céder par l'empereur d'Allemagne aux rois de Bavière
et de Wurtemberg, ainsi qu'à l'électeur de Bade, divers
pays qu'il aurait pu réunir à la France : par cet arrange-

Il faut surtout que toutes les parties d'un royaume se tiennent ensemble ; les possessions séparées ou lointaines l'affaiblissent. Quelques villes qui avoisinent un état valent mieux qu'un empire qui en est séparé par une grande distance. C'est ce qui fit que *Charles-Quint*, avec plus de pays que *Charlemagne*, fut moins redoutable, et moins puissant que lui. Quand l'Allemagne nomma empereur *Albert II*, duc d'Autriche, roi de Bohême et de Hongrie, ce fut pour avoir un prince dont les états pussent d'un côté communiquer à l'Italie, et de l'autre résister aux invasions des Turcs.

Un empire vaste et ramassé est capable de s'enrichir et de se garder pour ainsi dire de lui-même. Le monarque de plusieurs états isolés a beau donner des ordres et des lois à ces superbes régions éparses, il n'aura jamais la force de celui qui règne sur des provinces ou des départemens unis dans les rapports locaux. La France depuis ses dernières conquêtes jouit de cet avantage, par lequel les divers départemens qui la com-

---

ment territorial, il a mis ces puissances dans l'heureuse nécessité de vivre toujours en bonne intelligence entre elles-mêmes et avec l'empire français.

posent, étant contigus, se prêtent assistance et secours : aussi cet empire a-t-il des bornes physiques si bien posées, et tellement insurmontables, qu'elles le mettent à couvert de tous ses ennemis : il semble que la Providence lui a donné cette belle situation pour parer à la jalousie qu'il devait faire naître.

Quand un prince a fait des conquêtes sur terre ou sur mer, qu'il a pris quelque province ou quelque île aux ennemis, il doit pourvoir à leur conservation : or, le moyen le plus sûr d'y parvenir n'est pas d'y laisser des troupes si nombreuses qu'elles puissent inquiéter les habitans, mais d'unir le peuple au nouveau gouvernement en rendant sa condition meilleure qu'auparavant. *Alexandre*, pour s'attacher davantage les états conquis, ne leur laissa pas seulement leurs mœurs, mais il leur laissa aussi leurs lois, leur religion, souvent même leur gouvernement, et quelquefois encore leurs gouverneurs. Il se servit autant des mains étrangères que des siennes propres pour affermir partout sa puissance. « Les conquêtes, dit *Montesquieu*, (1) sont aisées à faire, parce

_____

(1) Grand. et Décad. des Romains, ch. 4.

qu'on les fait avec toutes ses forces ; elles sont difficiles à conserver, parce qu'on ne les défend qu'avec une partie de ses forces. »

Pour conserver la conquête d'un pays il faut mettre, s'il est possible, le peuple conquis au niveau du peuple conquérant, en lui accordant les mêmes droits et les mêmes privilèges. C'est ainsi qu'en usèrent les Macédoniens à l'égard des Perses ; c'est ainsi qu'en usa *César* envers les Gaulois ; c'est encore ainsi qu'en usa envers les Romains *Attila*, ce chef de toutes les nations barbares, dont la politique fut de soumettre les peuples, et non de les asservir.

En général, le vrai moyen de conserver ses conquêtes est de s'attacher étroitement les peuples vaincus en améliorant leur sort. Pourquoi, dit *Voltaire*, (1) les Arabes musulmans firent-ils de si grandes choses, et les Hébreux de si petites ? C'est que les Arabes incorporèrent à eux les autres nations, tandis que les Hébreux s'en tinrent séparés. Il paraît que les Arabes eurent une politique plus généreuse et plus hardie. Le peuple hébreu avait en horreur les autres nations, et craignait tou-

(1) Voyez l'Essai sur l'Hist. gén., tom. 1, chap. 4.

jours d'être asservi : le peuple arabe, au contraire, voulut attirer tout à lui, et se crut fait pour dominer. Veut-on que je donne ici le modèle d'un véritable conquérant ? *Guillaume*, duc de Normandie, sut gouverner l'Angleterre comme il sut la conquérir : il signala son règne en étouffant les révoltes de ses sujets, en refrénant les irruptions des Danois, en faisant exécuter rigoureusement ses lois.

Il y a deux règles principales que le conquérant doit suivre, selon la position et l'étendue de ses états : premièrement, il doit savoir donner à son empire l'accroissement nécessaire pour le rendre puissant; en second lieu, il doit savoir lui assigner des frontières qui puissent lui servir de rempart. Tant qu'un empire n'est pas hors de ses limites naturelles, c'est à dire qu'il a devant lui des plaines qui peuvent agrandir son territoire, il peut sans inconvénient s'étendre de tous les côtés : quand aussi un empire est parvenu à un certain degré de grandeur convenable, c'est à dire qu'il se trouve renfermé par de hautes montagnes ou par de grandes rivières, le prince doit alors borner ses conquêtes; sans quoi il serait obligé de dégarnir de troupes son propre pays pour garantir un pays étranger qu'il ne pourrait guère conserver. « Il y a de certaines bornes, dit *Montesquieu* (1), que la nature a données aux états pour mortifier l'ambition des hommes. Lorsque les Romains les passèrent, les Parthes les firent presque toujours périr ; quand les Parthes osèrent les passer, ils furent d'abord obligés de revenir ; et de nos jours les Turcs qui ont avancé au-delà de ces limites ont été contraints d'y rentrer. »

Oui, le Parthe, renfermé dans ses limites naturelles, repoussa avec gloire ces légions romaines qui avaient soumis l'Italie, l'Espagne, les Gaules, la Macédoine, la Grèce, et fait trembler l'Afrique et l'Asie. Le Parthe fut repoussé par ces mêmes légions lorsqu'il voulut sortir de ses bornes. L'Arabe, retranché derrière ses déserts, ses sables, ses rochers, a triomphé des efforts de tous les conquérans qui ont tenté de le subjuguer. L'Egyptien, protégé par la mer Rouge, par le Nil et la Méditerranée, a résisté aux armes des Européens qui sont venus l'attaquer.

Un prince peut suivre encore deux règles

_____

(1) Grand. et Décad. des Romains, ch. 5.

différentes à l'égard de ses conquêtes : si l'empire qu'il gouverne est assez étendu, et que son ennemi soit traitable et modéré, il peut alors laisser l'état conquis au prince légitime, et s'en faire un allié fidèle qui lui fournira des secours au besoin. Si son empire est assez étendu, et que son ennemi soit implacable et dangereux, il doit alors placer sur le trône de l'état conquis un vice-roi qui gouverne en son nom avec les forces qui lui seront remises.

Il y a encore deux autres règles qu'un prince doit suivre dans ses conquêtes sur terre ou sur mer : si le terrein qu'il a envahi est contigu à ses états, il peut le garder pour accroître sa domination ; et alors il s'appliquera à unir les deux peuples, comme fit *Alexandre,* en faisant disparaître toutes les distinctions et toutes les jalousies qu'il peut y avoir entre eux, afin d'affermir davantage sa conquête. Si au contraire le pays dont il s'est rendu maître est éloigné ou séparé de ses états, il pourra alors y envoyer des colonies.

On peut encore suivre à l'égard des conquêtes éloignées une règle plus sûre ; c'est de laisser les terres et les habitans, et d'enlever les troupes, les munitions, les vivres, et tous les approvisionnemens qu'on y trouve. *Charles-Quint* fut obligé d'abdiquer six couronnes, non qu'elles pesassent trop sur sa tête, mais parce que ses vastes états n'étaient pas contigus. Le gouvernement français a si bien prévu cet inconvénient, qu'au lieu de garder les îles qu'il a prises aux Anglais, il s'est contenté de démanteler leurs forteresses, de les dégarnir de leurs troupes, et de les dépouiller de leurs provisions : c'est le vrai moyen d'acquérir de nouvelles forces, et d'affaiblir celles de son rival en le mettant dans le cas de réparer des pertes qui sont de long-tems irréparables. Alors le vainqueur, avec plus de ressources, n'a pas plus de terrein à défendre ; et le vaincu, avec le même terrein, a moins de moyens pour le garantir. Cette pratique est très-cruelle ; mais quand on a sur les bras un ennemi perfide il faut employer plus d'artifice que lui ; quand cet ennemi est si atroce, qu'il ne veut pas seulement nous causer tout le mal dont il peut tirer avantage, mais encore tout le mal qu'il peut nous faire en se détruisant lui-même, il faut le surpasser en cruauté ; quand on est en guerre avec une puissance si implacable, qu'elle a soulevé contre nous plusieurs autres puissances pour se sauver à la faveur de cette diversion, il faut redoubler d'ardeur pour l'anéantir.

Un prince qui entreprend des conquêtes lointaines a bien des mesures à garder; il doit craindre en même tems les embûches de ses ennemis, les trahisons de ses généraux, et la défection de ses soldats. *Charles XII* échoua dans ses entreprises pour avoir fait la guerre trop loin de son pays : la Suède était comme noyée dans l'Europe, et ses troupes ne pouvaient qu'être battues par celles de la Russie. (1) Les Romains ne firent jamais de guerres éloignées qu'ils ne se fussent alliés avec quelque peuple voisin de l'ennemi qu'ils voulaient soumettre. Par ce moyen leurs cohortes étaient aussitôt grossies qu'approvisionnées. Ce fut sur un tel appui qu'ils fondèrent leurs plus grandes conquêtes.

Les plans de conquête sont plus difficiles à exécuter chez les peuples modernes que chez

---

(1) Les Français font aujourd'hui une exception à cette règle; mais c'est un effet du génie de l'empereur *Napoléon*, ainsi que de la bravoure des généraux et des soldats; et il serait absurde d'opposer cet exemple au principe que je viens d'établir.

les anciens : on ne peut guère cacher aujour-
d'hui ses projets d'invasion , parce que la
communication est telle entre les puissances ,
qu'elles ont chacune des ambassadeurs dans
toutes les cours ; c'est pour cela sans doute
que , par une crainte mutuelle , les princes de
l'Europe ont augmenté si considérablement le
nombre de leurs troupes : or, comme il s'en
trouve toujours de plus forts, les puissances
supérieures attirent sur elles les regards des
autres , parce qu'elles leur inspirent de la
jalousie.

CHAPITRE X.

Du résultat de la Guerre étrangère.

LE froissement des puissances a toujours été une cause de malheurs pour les peuples. Parcourons l'histoire ; nous verrons que les Huns ont passé le Bosphore de Thrace pour apporter en Europe la destruction et le pillage ; que les Alains ont traversé le mont Caucase pour enchaîner des nations situées au nord de leur pays ; que les Arabes ont subjugué presque toute l'Asie mineure, la Syrie et la Perse, la Grèce, l'Egypte et l'Espagne ; que ces mêmes Arabes ont été soumis à leur tour par la nation turcomane, qui a franchi le Taurus et l'Immaüs : nous verrons que les nations de l'europe chrétienne ont porté leurs armes dans la Palestine, dans la Syrie, dans l'Egypte, et jusqu'au fond de l'Asie : nous verrons que l'Angleterre a été successivement envahie par les Romains, par les Danois, par les Saxons et par les Gaulois ; que l'Espagne a été soumise tour à tour par les Carthaginois, par les Romains, par les Goths, par les Vandales et par les Maures ; que la

France a été désolée tantôt par les Normands, et tantôt par les Sarrazins ; que la Hongrie et l'Autriche ont été ravagées par les Arabes et par d'autres peuples tartares ; que l'empire de Constantinople a été en même tems attaqué par les Musulmans vers l'orient de la mer Noire , et par d'autres ennemis du côté du Danube ; que les états de la Romanie ont été dévastés par les Avares et les Bulgares. Or, si la victoire a volé du Midi au Nord, et du Nord au Midi ; si tous les peuples , depuis le bout de l'Asie jusqu'au bout de l'Europe, ont été tour à tour conquérans et conquis, il est bien sûr que la guerre ne produit que des désastres. (1)

Toutes les révolutions qui arrivent dans le monde sont une suite de la guerre. On voit dans l'histoire de l'Europe que , depuis *François Ier,* roi de France, il n'y a pas eu une guerre qui n'ait été ruineuse pour les puissances qui l'ont faite ; pas une où, par le

---

(1) *Virgile* a eu bien raison de dire que le sort des armes est incertain ; qu'un mélange périodique de succès et de revers dans la guerre opère sur la terre les plus grands changemens : *Respice res bello varias.* Énéid., liv. 12.

choc de l'agression et de la défense, le vainqueur, affaibli, n'ait vu à ses pieds le vaincu
plus affaibli encore. Les trois dernières
guerres que la Grande-Bretagne a entreprises
dans le tems de l'ancienne monarchie française
pour sortir avec effort de sa sphère, et y rentrer tout à coup sans peine, lui ont coûté des
trésors immenses. La France s'était ruinée
dans les guerres qu'elle avait soutenues depuis celle de la succession jusqu'à celle de
1778; et les victoires de *Louis XIV* ont contribué à cette dette publique qui a entraîné
une révolution qui a changé pour ainsi dire
la face de l'Europe, et a donné lieu aux
guerres les plus sanglantes. *Joseph II,* qui,
après avoir essuyé de grands échecs dans ses
guerres avec la Porte-Ottomane, est mort en
possédant la victoire, a laissé ses états dans
le trouble et dans le délabrement. Ainsi la
guerre ne cause que des calamités, et ces
calamités, qui sont distributives, ne tombent
que sur les peuples.

Oui, les malheurs qui résultent des hostilités sont communs aux nations belligérantes.
Ecoutons *Bodin* sur cette matière : « Le droit
de la guerre, dit-il, (1) autorise à la vérité

_____

(1) Abrégé de la Rép., liv. 5, ch. 8.

que l'on fasse à l'ennemi tout le mal que l'on peut lui faire, et que l'on mette en œuvre tous les moyens de lui nuire et de l'affaiblir; mais une maxime encore plus reçue est que lorsque le préjudice que nous portons à l'ennemi est égal à celui que nous en souffrons nous-mêmes, les choses n'étant que relatives, celui que nous causons doit être évalué à zéro. »

Dans tous les tems les nations se sont comprimées les unes les autres; et, par un effet de la justice divine, elles se sont réciproquement vengées de leurs outrages. Au quatrième siècle les Goths, chassés par les Huns, sont tombés sur les Romains. Les Saxons, qui vers le sixième siècle avaient conquis l'Angleterre, ont été expulsés par les Normands. Au huitième siècle les Normands ont été subjugués par les Gaulois; et au treizième siècle les Corasmins, poussés par les Tartares, se sont précipités sur les Syriens. L'Espagne est envahie par les Visigoths, et les Visigoths sont asservis par les Maures. Les Romains ont étendu leurs conquêtes dans l'Asie et dans l'Afrique, et les Hérules se sont emparé de Rome. Les Turcs, repoussés par les Croisés qui ravagent l'Asie, viennent des

bords de la mer Caspienne dévaster l'occident
de l'Europe. C'est ainsi que tout se balance
dans l'univers, et que les états tombent les
uns sur les autres pour se détruire. (1)

Le monde physique et le monde moral sont
sujets à des secousses qui semblent devoir tout
engloutir; mais toutes ces grandes agitations
ne sont que passagères : l'Être-Suprême, qui
tient dans ses mains la destinée des états, ramène bientôt chaque chose à sa place; telle
est sa puissance infinie, que souvent il se sert
d'un bras destructeur pour rétablir ce qui a
été renversé, et pour conserver ce qui menace d'être détruit. *Jean Castriot,* surnom-
mé *Scanderbeg,* devient le rempart des chrétiens contre les victoires de *Mahomet II.*
Schaabas, en reprenant Tauris sur les Turcs,
et en les chassant de leurs conquêtes, délivre
Rodolphe, Mathias et *Ferdinand II,* pour

---

(1) Il n'est pas de peuple belliqueux qui n'ait eu à
son tour des momens de revers, et ne soit devenu dépendant d'un autre peuple. Sous le règne des derniers
Césars Rome se soumit à payer un tribut annuel aux
Daces, qui, s'étant répandus dans ses provinces, me-
naçaient de la réduire en cendres. Ainsi, les Romains
après avoir levé des impôts sur les autres nations, devinrent tributaires eux-mêmes.

devenir, sans le savoir, le sauveur de ces mêmes chrétiens. C'est ainsi que dans un tems plus éloigné on avait vu *Ussum Cassan, Ismael Sophi* arrêter les progrès des Turcs contre l'Allemagne et contre Venise, et que *Tamerlan* avait sauvé Constantinople contre la fureur de *Bajazet*.

Voici, d'après le rapport de *Montesquieu*, les deux plus grands évènemens que la guerre ait occasionnés dans l'Europe. En premier lieu les Romains obligèrent les peuples du Midi à se réfugier dans le Nord, pour se soustraire à leur violence; mais ces peuples expatriés refluèrent dans le Midi quand la puissance romaine se fut éclipsée. En second lieu les Francs, sous la conduite de *Charlemagne*, firent encore reculer les peuples du Midi au Nord; mais quand leur empire se fut affaibli, ces mêmes peuples refluèrent du Nord au Midi. Long-tems après on a vu *Charles XII*, à la tête des Suédois, s'avancer jusque dans la Pologne, et *Louis XIV* porter ses armes jusque dans la Hongrie; mais on n'a plus vu de ces émigrations de peuples entiers : et si aujourd'hui il arrivait qu'un peuple osât faire les mêmes ravages, tous les autres peuples se coaliseraient pour le refréner.

L'histoire des empires n'est qu'un flux et reflux d'accroissement et de décroissement : la guerre peut redonner demain ce qu'elle ôte aujourd'hui ; un premier traité bouleverse tout, et un second traité remet les choses à leur place ; mais ce qu'il y a de bien triste, c'est qu'on ne peut jamais rétablir ce que la guerre a détruit : on ne peut réparer des maux qui sont irréparables. Qu'après la paix de Nimègue *Louis XIV*, victorieux, rétablisse dans leurs terres les deux *Furstemberg*, que l'empereur avait dépouillés ; qu'il exige que le Danemarck rende tout ce qu'il a pris sur la Suède ; que le duc de Holstein soit réintégré dans ses états ; que le Brandebourg cède la Poméranie qu'il a conquise ; que les traités de Westphalie soient rétablis de point en point ; qu'il faille que le vainqueur des Suédois, malgré ses prières et ses protestations, renonce à ses conquêtes, toutes ces conditions sont très-belles ; mais elles le seraient encore davantage, si elles s'étaient effectuées sans effusion de sang.

En vain de grands princes ont voulu ranger sous leur domination tous les états européens. *Charlemagne* étendit sa puissance aussi loin qu'elle pût aller mais il ne devint pas pour cela le monarque de l'Europe. *Charles-Quint,* roi et empereur tout à la fois, avec ses vastes états joua toujours le premier rôle parmi les puissances, mais il fut pourtant bien éloigné de la monarchie universelle. Le système de l'équilibre était alors établi; car après la prise de *François Ier* l'Angleterre et l'Italie se liguèrent avec la France pour balancer le pouvoir de l'empereur. *Philippe II,* roi d'Espagne, marchant sur les traces de son prédécesseur, fut contraint de rentrer dans ses limites, après avoir beaucoup accru sa puissance. *Louis XIV,* dans la rapidité de ses conquêtes, parut aspirer à ne faire encore de l'Europe qu'une seule monarchie, et il se forma contre lui un traité d'alliance entre l'Allemagne, la Hollande, l'Angleterre et la Suède pour le contenir. Ces quatre conquérans prouvent donc seulement que la France, l'Autriche et l'Espagne ont eu tour à tour la prépondérance, et non la suprématie dans les affaires politiques.

Si nous jetons un coup d'œil sur l'histoire asiatique, nous verrons que tous les états, depuis les frontières de la Suisse jusqu'au fond des Indes, ont été subjugués par *Gengiskan.* Ce conquérant tartare fit d'immenses butins sur les peuples conquis ; il s'empara de tous les trésors de la Chine, de l'Indostan et de la Perse. Que reste-t-il aujourd'hui de tant de déprédations? Le triste souvenir seulement. Qu'est devenu ce vaillant guerrier qui reçut dans les états généraux de l'Asie les adorations des ambassadeurs de tous les pays qu'il avait conquis? Tandis qu'il va, dit *Voltaire*, (1) achever la conquête du vaste empire de la Chine après avoir subjugué le pays de Tangut, une maladie cruelle le saisit dans son camp sur la route de cet empire, et il périt. Nous verrons *Omar*, ce successeur d'*Abubeker*, qui, après avoir été un des plus terribles conquérans qui aient désolé la terre, après avoir pris Damas, chassé de la Syrie et de la Phénicie les Grecs, reçu à composition la ville de Jérusalem et subjugué la Perse, est assassiné en 603 par un de ses esclaves. Nous verrons *Saladin*, ce sultan plein d'humanité, qui, après avoir conquis l'Egypte, la Syrie, l'Arabie, la Perse, la Mésopotamie et le royaume de Jérusalem, meurt à Damas, ayant fait porter dans sa maladie, au lieu du drapeau qu'on élevait devant sa porte, le drap qui de-

---

(1) Essai sur l'Hist. gén., tom. 2, ch. 48.

vait l'ensevelir. Nous verrons *Tamerlan,* ce vainqueur des Indes, qui, après s'être rendu maître de la province de Kaudaar, de l'ancienne Perse, de la Transoxane, de l'Indostan, de la Syrie, après être descendu dans l'Asie mineure, avoir vaincu les Ottomans et détrôné leur empereur, revient dans Samarkande, où il reçoit l'hommage de plusieurs princes, et y meurt au milieu de ses triomphes.

La monarchie universelle ne peut plus passer que pour une chimère. Les plus grands conquérans ont à peine laissé des traces de leurs pas. Voyez *Alexandre* dans sa marche rapide; il renverse le trône de *Darius,* qui avait étendu ses conquêtes jusque dans la haute Asie; et tandis qu'il est encore loin d'être le monarque de l'univers, il succombe au milieu de ses victoires, et son empire tombe entre les mains de plusieurs successeurs qui se le disputent. Voyez *César;* il marche de victoire en victoire, d'Italie en Germanie, et de Germanie en Afrique. Rien ne résiste à la terreur de ses armes; mais après tant de triomphes, que va devenir ce fameux conquérant? Cet enfant adoptif de Bellone finit par être poignardé par *Cassius* en plein

sénat. On aurait dit que toute la terre devait
être envahie par les Romains quand ils eurent
soumis l'Italie, l'Espagne, la Macédoine, la
Grèce, les Gaules, l'Afrique et l'Asie, et
qu'ils eurent ébranlé l'empire des Carthaginois : mais les Parthes, avec leurs arcs et
leurs flèches, les Parthes, inaccessibles à leurs
ennemis par la situation de leur pays, repous-
sèrent avec courage ces fiers conquérans.

Il est pourtant vrai qu'après une guerre sanglante dans laquelle des puissances ont renversé d'autres puissances, il peut arriver
qu'il se forme de nouveaux empires sur les
ruines des anciens, comme il s'élève des monceaux de pierres sur la terre après l'éruption
d'un volcan qui a englouti plusieurs villes; mais
ces nouveaux empires doivent un jour s'engloutir pour faire place à d'autres empires. Rome
triomphante de tant de nations a péri sous
son propre poids; et comme elle périront
toutes les puissances colossales : c'est un effet
des vicissitudes des tems; il faut que dans les
guerres et les révolutions qui ont lieu sur le
globe terrestre les nations se poussent les unes
sur les autres, comme les vagues de l'Océan
dans un jour de tempête, et qu'elles changent de forme de gouvernement pour être
plus ou moins heureuses.

Les empires sont des masses physiques qui, sans changer de place, changent souvent de forme et de dimension : ils s'agrandissent ou se resserrent : ils deviennent monarchiques, ou despotiques au gré des conquérans : quelquefois même ils s'engloutissent dans d'autres qui dévorent leur nom. Tel a été le sort qu'a subi la Pologne : ce beau royaume, qui se trouve placé vers le centre de l'Europe, est devenu le partage de trois souverains étrangers.

Les conquêtes et les découvertes ont changé en quelque sorte la face de l'univers; elles ont tracé sur le globe des lignes de séparation dont les fréquentes mutations ont causé les guerres les plus sanglantes. C'est ce qui a fait que la géographie est devenue une science qu'on ne peut jamais posséder, parce que les révolutions des états ne cessent de bouleverser le monde. Voici comme *Voltaire* s'exprime à ce sujet.

« Lorsque les Espagnols commençaient à s'établir dans l'Amérique le pape *Alexandre VI* divisa les deux nouveaux mondes (l'américain et l'asiatique) en deux parties : tout ce qui était à l'orient des îles Açores devait appartenir au Portugal ; tout ce qui

était à l'occident fut donné à l'Espagne. On
traça une ligne sur le globe, qui marqua les
limites de ces droits réciproques, et qu'on
appela la *ligne de marquation*. Le voyage
de *Magellan* dérangea la ligne du pape : les
îles Marianes, les Philippines, les Moluques
se trouvaient à l'orient des découvertes por-
tugaises ; il fallut donc tracer une autre ligne,
qu'on appela de *démarcation*.

« Toutes ces lignes furent encore dérangées
lorsque les Portugais abordèrent au Brésil ;
elles ne furent pas plus respectées par les
Français et par les Anglais, qui s'établirent
ensuite dans l'Amérique septentrionale. Il est
vrai qu'ils n'ont fait que glaner après les riches
moissons des Espagnols ; mais enfin ils y ont
eu des établissemens considérables.

« Le funeste effet de toutes ces découvertes
et de ces transplantations a été que nos nations commerçantes se sont fait la guerre en
Amérique et en Asie toutes les fois qu'elles
se la sont déclarée en Europe : elles ont réciproquement détruit leurs colonies nais-
santes. Les premiers voyages ont eu pour
objet d'unir toutes les nations ; les derniers
ont été entrepris pour nous détruire au bout
du monde.

« C'est un grand problème de savoir si l'Europe a gagné en se portant en Amérique. Il est certain que les Espagnols en retirèrent d'abord des richesses immenses : mais l'Espagne a été dépeuplée, et ces trésors, partagés à la fin par toutes les autres nations, ont remis l'égalité qu'ils avaient d'abord ôtée. Le prix des denrées a augmenté partout : ainsi personne n'a réellement gagné. Il reste à savoir si la cochenille et le quinquina sont d'un assez grand prix pour compenser la perte de tant d'hommes. » (1)

On ne peut révoquer en doute que la découverte du Nouveau-Monde n'ait été une source de richesses pour les Européens ; mais ces richesses ont été payées bien chèrement par les guerres qu'elles ont occasionnées. La fable de *Midas* est devenue notre histoire. Le roi de Phrygie a péri d'une mort prématurée pour avoir changé en or tout ce qu'il touchait. Les peuples de l'Europe se sont détruits pour s'être emparé des trésors de l'Amérique.

Mais, malgré tous les maux qui naissent de l'ambition, il est pourtant nécessaire d'avoir dans les états des hommes qui aient

_____

(1) Essai sur l'Hist. gén., tom. 4, ch. 125.

le talent de la guerre : pour avoir la paix on doit honorer ceux qui , excellant dans la profession des armes , connaissent les forces , la discipline et la tactique des ennemis ; il faut avoir des hommes qui , sans être portés à la guerre , aient le courage de la repousser ; et quand on est bien en état de la faire , il est rare qu'on ait à la soutenir. Si l'empereur de la Chine *Hoaitsang* n'avait pas vécu dans la mollesse , il n'aurait pas essuyé une guerre qui lui fit perdre son empire. Je dirai ici que les corps sociaux et les corps militaires exigent qu'il y ait dans leur sein des charges et des emplois : or, ces charges appartiennent à ceux qui sont dignes de les remplir ; mais la plus éminente des charges appartient à celui qui a toute la capacité pour l'exercer dignement.

Il est si vrai que l'empire du commandement est dévolu à ceux qui sont le plus capables de l'exercer, qu'on trouve dans l'histoire des sauvages que la royauté a commencé par un homme autant éclairé qu'intrépide. Les Exkimaux, peuple libre et errant de l'Amérique , ne connaissaient pas le droit héréditaire des princes européens : leurs chefs furent d'abord électifs, et le plus habile d'entr'eux fut chargé de marcher à leur tête; mais le pouvoir du commandement, ayant passé bientôt de père en fils, s'y rendit héréditaire. En 1523 *Gustave Wasa*, à la tête d'une armée, ayant délivré la Suède du tyran *Christiern II*, les états du royaume lui décernèrent la couronne, qu'il sut conserver. Libérateur de son pays, il en devint le restaurateur; il jouit paisiblement de sa gloire, et fit nommer pour son successeur son fils *Eric*, qui ne fut pas digne de régner. (1) En 1621 le vice-roi de Leaotong ayant traité durement quelques hordes de Tartares Mantcheoux, qui habitaient au-delà de la grande muraille de la Chine, et ayant voulu même les transplanter après avoir brûlé leurs cabanes, ces Tartares se révoltèrent, et se choisirent un chef pour faire la guerre : ce chef, nommé *Taitsou*, se fit déclarer roi, battit les Chinois, entra victorieux dans le Leaotong, et prit d'assaut la capitale. Après la mort de *Taitsou* son fils *Taitsong* lui succéda, prit le titre d'em-

---

(1) « Il obtint même, dit *Voltaire*, que la couronne resterait dans sa famille, à condition que si sa race s'éteignait, les états rentreraient dans le droit d'élection; que s'il restait une princesse elle aurait une dot sans prétendre à la couronne. » *Essai sur l'Hist. gén.*, tom. 4, ch. 98.

pereur des Tartares, et s'égala à l'empereur de la Chine. (1) On voit par-là que toutes les nations ont commencé par élire des chefs pour la guerre; ensuite ces chefs sont devenus absolus, et le droit héréditaire s'est établi. En effet, le général d'armée n'avait plus qu'un pas à faire pour être souverain, et ce pas fut bientôt fait. De là naquit la puissance suprême.

Quand les hommes se sont réunis volontairement en société, il est hors de doute qu'ils y ont été portés par un attachement réciproque; et comme ils ont formé de distance en distance des peuples différens, ils ont conçu des craintes les uns à l'égard des autres; ce qui les a mis dans la nécessité de se mettre à l'abri des attaques du dehors. Or, pour établir une forme de gouvernement qui pût les protéger puissamment, ils ont choisi parmi eux celui qui était le plus en état de les conduire contre leurs ennemis. Nous voyons dans l'histoire profane et sacrée que le principal emploi des premiers rois de Sparte et d'Israël semble n'avoir consisté qu'à remplir les fonctions de juges en tems de paix, et de

(1) Voyez l'Essai sur l'Hist. gén., tom. 6, ch. 165.

généraux en tems de guerre. Les Arabes ne se sont mis sous la puissance d'un chef que parce qu'ils sont toujours en guerre : comme ce peuple est divisé par tribus, il n'aurait point composé un corps sans ce chef, qui, étant devenu le point de réunion, a marché à leur tête.

Puisque, dans le principe les peuples n'ont élu des chefs que pour se mettre à couvert de leurs ennemis, il serait à desirer que tous les princes marchassent à la tête de leurs troupes pour se défendre contre leurs agresseurs ; dès lors on ne verrait plus tant de guerres nationales, ni tant de désastres politiques, ni tant de cruautés particulières : un prince qui ne sait pas faire la guerre par lui-même, ou qui la fait du fond de son palais, est quelquefois obligé d'exercer des actes arbitraires contre ceux-là même qui sont le plus dignes de le servir. C'est un malheur pour la nation, pour les généraux et pour le prince même qu'il ne soit pas en état de marcher à la tête des armées ; il peut en résulter toutes sortes d'inconvéniens : il faut qu'il donne une pleine confiance à ses généraux pour leur ouvrir le chemin de la victoire ; et s'ils ne sont pas fidèles l'état court les plus grands dangers ; s'ils se rendent puissans par les succès de leurs armes, c'est un sujet de jalousie pour le monarque, qui, afin de se mettre à l'abri de leurs entreprises réelles ou supposées, flotte entre la cruelle alternative de se voir détrôner ou de répandre le sang. On en trouve la preuve dans l'histoire : *Ferdinand II*, faisant la guerre du fond de son cabinet, se défit du seul homme qui pouvait rétablir ses armes et son trône contre *Bernard de Weimar*, héros de la maison de Saxe. Si cet empereur avait commandé lui-même ses armées, comme il le devait dans ces conjonctures critiques, il n'eût pas fait périr un si grand homme que le duc de *Valstein*, auquel il avait donné un pouvoir sans bornes : si *Thamas*, roi de Perse, eût été capable de faire la guerre en personne pour reprendre et conserver ses états, il n'eût pas confié le commandement de ses troupes à *Scha Nadir*, qui s'en servit ensuite pour le détrôner. (1)

Un monarque qui monte sur le trône sans avoir le talent de la guerre devient à coup sûr l'objet du mépris et même de l'envie de ceux qui le servent militairement ; la -

_____

(1) Voyez sur ces faits l'Essai sur l'Hist gén.

faiblesse de son caractère, en le mettant sous
la dépendance de ses généraux, l'expose à
perdre son autorité. On en trouve également
la preuve dans l'histoire tant ancienne que
moderne : en effet, il n'y a rien de plus à
craindre pour les souverains que ces hommes
intrépides et ambitieux qu'ils placent à la tête
des armées.

Mais, outre le danger auquel sont exposés
les princes par les infidélités, les trahisons et
les conspirations de leurs généraux, il y a
encore cet inconvénient que leurs troupes
n'ont pas la même ardeur que si elles com-
battaient directement sous leurs ordres. Voici
des exemples : en 1495 *Charles VIII*, à la
tête de huit mille Français, fut attaqué vers
le village de Fornoüe, près de Plaisance, par
l'armée des confédérés italiens et espagnols,
forte de trente mille hommes : les alliés
furent vivement repoussés, et perdirent
quatre mille hommes, tandis que ce prince
n'en perdit pas deux cents. Tel fut l'avantage d'une troupe aguerrie qui combattit
avec son roi contre une troupe de soldats
mercenaires. *Louis XV* fit après la mort
du cardinal de *Fleury* ce que *Louis XIV*
avait fait après celle de *Mazarin;* il se mit

à la tête de ses armées ; rien ne résista au roi en Flandres ; il prit en 1754 Menin, Courtrai, Ypre. Dans la guerre de 1771 entre la France et l'Espagne contre l'Autriche, l'Angleterre, la Hollande et la Sardaigne, *Louis XV* gagna en personne la bataille de Fontenoy sur les ennemis coalisés. La présence du roi, dit *Voltaire*, (1) qui rendait cette bataille si dangereuse, fut précisément ce qui la fit gagner. Oui, l'aspect d'un monarque a sur les troupes une influence si salutaire, qu'en 1708, au moment que la situation de la France devenait de jour en jour plus critique, *Louis XIV* crut qu'en faisant paraître le duc de *Bourgogne*, son petit-fils, à la tête des armées, la présence de l'héritier présomptif de la couronne ranimerait l'ardeur des soldats.

Que tous les princes se conduisent d'après cet exemple : qu'ils sachent que celui qui, comme *Numa*, ne saura régner que dans la paix, courra le danger de perdre son empire : que celui, au contraire, qui, comme *Ancus Marcius*, saura vivre en paix et faire la guerre, le conservera toujours, à moins qu'il ne soit attaqué par une force

---

(1) Essai sur l'Hist. gén., tom. 8, ch. 190.

2.   I I

beaucoup supérieure. Il est certain que si
Rome n'eût pas eu pour troisième roi un
guerrier tel que *Tullus Hostilius*, elle ne
serait jamais parvenue à ce degré de grandeur qui lui donna l'empire du monde; car
ce fut ce prince qui aguerrit et disciplina les
Romains.

Il est donc du plus grand intérêt pour un
souverain de savoir faire la guerre par lui-
même; alors il est à l'abri des infidélités qui
se commettent dans les armées : d'ailleurs
sa présence ranime le courage des soldats en
leur inspirant plus de confiance. C'est pourquoi nous avons vu dernièrement trois empereurs à la tête de leurs troupes. Mais il
ne suffit pourtant pas qu'un souverain aille à
la guerre et qu'il gagne des batailles, il faut
encore qu'il prenne toutes les mesures qui
peuvent faire épargner le sang de ses sujets.

CHAPITRE XI.

Des Qualités essentielles pour former un bon Général.

LES généraux tiennent dans leurs mains le sort des empires. Leur conduite doit être franche et circonspecte; leur cœur doit s'ouvrir à la confiance et à l'amitié; leurs oreilles doivent se fermer à la délation et à la flatterie; il faut qu'ils punissent sévèrement les grandes fautes, et aient de l'indulgence pour les petites; qu'ils soient accessibles aux soldats, sans devenir trop familiers; qu'ils se gardent d'une douceur excessive et d'une extrême sévérité; autrement ils pourraient subir le sort de *Posthumius* ou celui d'*Héliogabale* : le premier fut lapidé par ses troupes à cause de sa rigueur; et le second en fut poignardé à cause de ses lâches complaisances.

Un bon général tâche de captiver l'esprit des soldats pour les disposer favorablement à ses entreprises, et il y réussit quand l'autorité qu'il exerce sur eux ne se fait pas trop sentir. Comme il semble alors laisser à ses troupes la

faculté d'agir librement, leur volonté s'identifie en quelque sorte avec la sienne pour
l'exécution de ses projets, et elles ont des
ailes pour voler au combat; mais si cette
union de volonté, qui doit naître d'une mutuelle confiance, manque dans l'armée, il
s'élève entre le chef et les soldats une mé-
sintelligence qui tue bientôt l'esprit militaire.

La confiance a sur les esprits un si grand
empire, qu'elle fait exécuter avec hardiesse
les choses les plus difficiles; son pouvoir est
tel que l'on pense agir volontairement,
tandis qu'on est entraîné par elle. C'est pourquoi le général doit l'inspirer à ses soldats de
manière qu'ils lui obéissent sans crainte, et
fassent sa volonté en croyant faire la leur
même; ce qui flatte leur orgueil et excite leur
zèle, parce qu'il semble alors leur laisser
l'indépendance.

Il est des circonstances où le commandement
doit se montrer dans sa plénitude; il en est
d'autres où il doit agir d'une manière moins
absolue; l'habileté du général consiste à bien
connaître le degré de douceur ou de sévérité
qu'il doit employer, eu égard à la disposition
des esprits et à la situation des lieux : si la
circonstance est périlleuse, si les troupes sont

effrayées, il doit transmettre ses ordres avec douceur; si la conjoncture est facile, si les soldats sont rassurés, il peut alors donner au commandement tout son éclat, et il doit agir plus ou moins dans l'un de ces sens, selon qu'il se trouve plus ou moins dans l'une de ces situations.

Quand l'entreprise est difficile le général doit prendre ses mesures de manière à ne pas exercer un commandement inutile; s'il donne des ordres il ne doit point les rétracter, afin de ne pas paraître faible; cela signifie qu'il ne doit rien entreprendre sans avoir pris toutes les précautions nécessaires.

L'homme revêtu du commandement doit être ferme dans ses desseins; qu'aucune considération ne le détourne du projet qu'il a formé, à moins que ce ne soit pour un plus grand avantage; que rien ne lui fasse entreprendre ce que la saine raison lui défend; qu'il ne devance jamais ce que la prudence lui doit faire différer; qu'il n'agisse qu'au moment de l'exécution même. Ce fut une grande faute de la part de *Pompée* de céder aux murmures de ses soldats qui l'accusaient de timidité, et de les mener inconsidérément au combat: il y a des circonstances où un général

peut se couvrir de gloire en retardant son entreprise; c'est quand les esprits ne sont pas
encore assez bien préparés; mais il ne doit
rien précipiter lorsque ses troupes sont im-
patientes de combattre, ni trop temporiser
lorsqu'elles sont prêtes; autrement son entreprise serait tardive ou prématurée.

Un général ne doit donner au hasard que
ce qui est indispensable; il faut qu'il consulte
la prudence avant de faire usage du courage;
et quand la circonstance est trop critique pour
pouvoir la consulter, il faut alors qu'il soit
téméraire avec toute la circonspection possible. S'il ne fallait que de l'audace pour être
bon guerrier, bien des gens seraient capables
de commander, parce que chacun a des passions; mais il faut de la prudence, de l'art,
de l'expérience, du génie, de ces qualités
éminentes qui ne sont pas données à tout le
monde : le courage éclairé dans un général
vaut mieux que l'aveugle témérité : l'un prévoit, prévient, attend, affronte et repousse
le danger; l'autre ne le prévoit point, marche
avec incertitude, le brave au hasard et succombe.

Ce n'est pas pourtant sans raison qu'on regarde les plus belles entreprises comme auda-

cieuses : certes, il faut bien qu'elles le soient,
puisqu'il faut plus que du courage pour les
exécuter ; elles sont trop sublimes pour être
suivies de circonspection. La grandeur d'ame
paraître plus téméraire que prudent, parce
que peu de personnes sont capables de juger
ses actes. Oui, il faut avoir de la prudence et
du courage : on ne doit pas espérer tranquil-
lement des avantages que l'on doit préparer ;
il faut prendre beaucoup de précautions pour
agir avec sécurité. Le consul *Flaminius* n'eut
à la tête de ses troupes qu'une témérité orgueilleuse ; il agit sans précaution, et fut vaincu
par ses ennemis. Mais il ne faut pas pourtant
avoir la prudence de *Fabius,* qui, dégénérant
en faiblesse, le rendit pusillanime quand il
aurait dû être courageux, et le fit temporiser
quand il aurait dû agir : il est des conjonctures où il faut avoir plus de prudence et de
lenteur, et il en est d'autres où il faut avoir
plus d'audace et de promptitude : le vrai génie
militaire consiste à savoir faire cette différence.

Lorsqu'on n'est pas bien fortifié ni heureu-
sement situé pour présenter la bataille avec
avantage, on emploie à propos la lenteur ; on
l'emploie de même pour laisser refroidir l'ar-

deur de l'ennemi lorsqu'il est impatient de combattre. *Fabius*, dont je viens de parler, en fit un usage outré, parce qu'il vit du même œil des circonstances qui changeaient sans qu'il s'en aperçût; mais on emploie à propos la célérité quand il est question de prévenir un renfort qui vient au secours de l'ennemi : c'est ce que l'empereur *Napoléon* a fait à la bataille d'*Ulm*, qu'il a gagnée sur les Autrichiens avant l'arrivée des Russes.

La lenteur peut encore s'employer soit pour faire croire à l'ennemi qu'on est plus faible que lui, et l'engager à faire une attaque imprudente, soit pour laisser augmenter l'impatience de ses propres soldats, et porter leur ardeur à l'extrême : mais il faut prendre garde que cette impatience ne les abatte ou ne les indigne; il est une impatience qui, pour être poussée trop loin, désespère les esprits et les porte à la révolte; ce qui arriva aux troupes romaines qui se soulevèrent sur le mont Massique, par où le dictateur *Fabius* les conduisait à dessein d'éloigner le combat dans le tems qu'*Annibal*, campé auprès du Vulturne, ravageait sous leurs yeux les pays de Falerne et de Synnesse. Quand au contraire l'impatience n'est portée que jusqu'au degré nécessaire, alors, comme une eau stagnée qui rompt ses digues renverse tout ce qu'elle rencontre dans son débordement, les soldats s'élancent avec impétuosité sur l'ennemi, après avoir été retenus quelque tems, et enfoncent les bataillons les plus formidables.

Il importe même quelquefois de ralentir l'ardeur des soldats qui se lancent avec trop d'emportement au-devant du péril. Si par faiblesse le général donnait des ordres conformes à leur impatience, tout prendrait alors le ton de la colère, tout deviendrait violent dans l'armée.

La fougue ne produit qu'une valeur brusque et passagère : elle peut bien servir dans un moment d'effervescence pour enfoncer un bataillon, et emporter d'assaut une ville mal fortifiée qui cédera à la première attaque ; elle peut bien servir lorsque d'un seul coup on peut renverser la barrière et se faire jour ; mais s'il faut reprendre plusieurs fois l'action, s'il faut soutenir un grand choc, la fougue alors est dangereuse : il vaut mieux ménager ses forces pour ne pas tomber dans l'abattement. Quand on fait au-delà de ce qu'on peut on s'affaiblit, et l'on est bientôt obligé d'abandonner son entreprise.

Un général qui agit avec fougue prend toujours un caractère contraire aux tems, aux lieux, et ne connaît jamais d'autre modération que celle qui naît de la faiblesse; (1) il s'expose à deux inconvéniens : il sera timide lorsqu'il ne sera pas impétueux, parce que cette situation n'est pas naturelle; et comme un excès mène à un autre excès, il ne saura prévoir le danger, ni réfléchir sur son propre état : il sera aveugle lorsqu'il sera emporté, parce qu'il ne pourra contempler le péril, et ne saura point, dans son irrésolution, ce qu'il faut faire pour le prévenir, et ce qu'il ne faut pas faire pour l'éviter. L'activité d'un courage trop ardent empêche de se conduire avec sagesse, comme la timidité d'une ame trop faible laisse échapper les plus belles occasions. Il y a un milieu entre l'impétuosité téméraire

---

(1) L'homme peut avoir deux états différens au milieu du vice : il est impétueux dans le commencement que les passions le transportent, parce qu'elles tendent à la fois tous les ressorts d'une ame encore vigoureuse; mais quand ses forces sont épuisées les passions s'atiédissent, et il tombe alors dans l'abattement : il en est ainsi de la fougue; elle est d'abord capable du plus grand effort, mais bientôt elle n'est plus capable de rien.

et la lenteur timide ; c'est la valeur bien con-
certée : on aime dans un général ce courage
éclairé et réfléchi qui recule à propos et
avance de même, qui compare le danger avec
les moyens, qui le balance avec les ressources.

Ce n'est pas être intrépide que d'être téméraire : la témérité n'est pas plus le vrai
courage que la lâcheté ; l'une provient du défaut de crainte, et l'autre dérive d'une trop
grande frayeur. Il faut craindre le danger pour
l'éviter autant qu'il est possible, et pour le bra-
ver quand il est inévitable ; mais il ne faut pas
que la crainte qui doit en éloigner fasse perdre le courage. Si on ne le craint point on n'a
plus la prudence de s'y soustraire, et l'on
tombe dans les pièges comme l'animal qu'une
aveugle fureur emporte : si on le redoute trop
on tombe dans l'abattement, et l'on n'est plus
en état de l'écarter. Le courage qui attend le
danger avec sang froid est une élévation de
l'ame dirigée par la raison et la prudence. La
témérité n'a jamais assez de ces deux qualités,
et la lâcheté en a toujours trop. L'homme téméraire agit aveuglément ; dans son impré-
voyance il se précipite sur son ennemi, qui lui
donne la mort. L'homme lâche, au contraire,
agissant avec trop de circonspection, manque

souvent d'atteindre son adversaire, parce qu'il
veut trop assurer ses coups, et périt de la
main de celui qu'il aurait terrassé s'il avait
osé le prévenir. Chose singulière! le courage
naît quelquefois de la crainte : étant dans une
grande terreur on prend des résolutions har-
dies, que le dé.esjoir inspire pour se sauver, ou du moins pour ne pas mourir impunément, c'est à dire sans vengeance. Telle
a été dans la dernière guerre celle de six
mille Français qui, quoique dans une position
désavantageuse, ont battu et vaincu seize mille
Autrichiens.

Non, la crainte n'est pas la prudence, ni
le courage n'est pas la témérité : au lieu de
détruire cette horreur que la nature inspire aux hommes pour le danger, il faut
faire en sorte qu'ils la conservent sans
qu'ils se découragent à son approche. Il est
une crainte qui donne de l'énergie à l'ame ;
c'est celle qui prévient le péril autant qu'il
est possible, et qui le brave quand il est émi-
nent. Plus on a de cette crainte, plus on devient courageux, parce qu'on augmente ses
forces, et qu'on redouble d'ardeur à mesure
qu'on croit avoir plus de dangers à courir, et
plus d'obstacles à vaincre. C'est cette frayeur

salutaire qu'il faut inspirer aux soldats; mais si la crainte qui doit les éloigner du danger leur enlève le courage, c'est parce qu'une frayeur outrée, ne leur laissant aucune espérance, les rend pusillanimes. Quand dans l'armée les ames sont fortes il faut effrayer les soldats pour leur inspirer du courage; alors on peut leur représenter les dangers éminens de la patrie, la perte prochaine de leurs biens, l'incendie de leurs maisons, la mort de leurs épouses, de leurs enfans et de tout ce qu'ils ont de plus cher : mais quand les esprits sont abattus il faut alors diminuer le danger aux yeux des soldats, et leur aplanir tous les obstacles; autrement ils laisseraient tomber les armes à l'aspect de l'ennemi : et si dans ce tems-là le général faisait entendre une voix bruyante, ils diraient que c'est celle de la tyrannie.

Les hommes pusillanimes s'effraient plus qu'ils n'ont de sujet de crainte; les hommes courageux s'effraient moins qu'ils n'ont de sujet d'effroi : telle est la différence de ces deux caractères. La lâcheté exagère le danger, et la valeur le diminue : or, l'idée du péril donne ou ôte le courage, selon les circonstances et la disposition des esprits. Celui qui voit le danger dans l'éloignement en est plus effrayé, parce qu'il y réfléchit plus long-tems dans le calme de son ame : comme il peut alors se le représenter sous mille formes différentes, il souffre idéalement à l'avance de ce qui fait le sujet de sa crainte, parce qu'il se reporte tout de suite à l'époque du malheur qui le menace; et, tourmenté à la fois du réel et de l'imaginaire, il perd dans sa frayeur toutes ses forces avant qu'il soit dans le cas de s'en servir. Celui, au contraire, qui voit le danger prochain n'a pas le tems d'y réfléchir, et le défie comme un désespéré en agissant aussitôt avec le plus grand courage ; il ne souffre alors que du réel, parce qu'il ne considère pas à l'avance toutes les circonstances qui peuvent l'aggraver. Celui-ci ne s'occupe du péril que quand il existe réellement; celui-là y songe avant qu'il existe; ce qui lui fait prendre des mesures pour l'écarter s'il est courageux, ou le jette dans l'engourdissement s'il est poltron. Quand on peut considérer le danger de sang froid il importe de le voir venir de loin, parce qu'on l'attend avec fermeté ; mais quand on ne peut le considérer de cette manière il vaut mieux le voir arriver à l'improviste, en se trouvant en état de le repousser.

Il faut donc placer à la tête des troupes des hommes intrépides et prudens. Un général que l'aspect du danger effraie devient à coup sûr le jouet de la fortune : il faut voir le péril avec autant de courage que de prudence pour s'en garantir ; quand on le redoute trop, on a un pressentiment certain d'en être frappé, parce qu'il paraît plus inévitable à mesure qu'on le craint davantage : on donne ainsi prise sur soi par le découragement que produit cette frayeur immodérée. C'est alors que le général, pâlissant dans son poste, trahit ses devoirs, et donne un exemple de lâcheté qui décourage toute l'armée.

Il importe à un général de montrer un visage tranquille dans le danger, en cachant la crainte, quand elle est légitime, sous un air de composition animée, pour la dérober aux yeux des soldats ; car comme rien ne les décourage plus que la tristesse de leur chef, rien aussi ne les excite plus que son héroïsme ; non-seulement il ne doit pas les effrayer quand ils ont de la confiance, mais il doit encore les rassurer quand ils sont dans l'épouvante, parce que toute la troupe décide sa valeur ou sa lâcheté sur le visage du général.

Un habile général ne néglige rien de ce qui

peut donner le change aux ennemis; il se mé-
tamorphose pour ainsi dire à leurs yeux,
afin de leur causer de fausses alertes; il feint
une autre résolution que celle qu'il va prendre, pour les diriger vers un point où leur
marche sera inutile parce qu'il ne s'y trouvera point, ou malheureuse parce qu'il s'y
présentera avec avantage. A chaque mouvement qu'ils font il pénètre leurs desseins,
découvre leurs supercheries; il leur donne une
idée désavantageuse de ses forces, afin d'être
plus fort qu'eux dans le combat, et leur en
donne une avantageuse pour les déconcerter
quand sa position est critique. Tantôt il fait
avancer son armée avec célérité, et tantôt
avec lenteur, pour les mettre dans l'embarras;
il ne laisse aucun vestige de ses troupes sur la
terre, ou il en laisse de trompeurs; il rend
toutes ses entreprises secrètes; il masque tous
ses desseins : en un mot, un bon général est
celui qui examine d'abord chaque objet
en particulier, et qui les réunit ensuite tous
ensemble pour en apprécier la juste valeur; (1)

_____

(1) Il est des hommes qui s'occupent en même tems
de divers objets, et n'en observent aucun en particulier :
ces gens-là ne peuvent rien approfondir, parce qu'ils
ne voient les choses que superficiellement. Or, pour

c'est un homme enfin qui voit les évènemens futurs comme s'ils étaient déjà arrivés. (1)

Le général qui n'a pas un discernement juste se jette toujours d'un excès dans l'autre ; il fait tout au hasard, dans l'incertitude de faire bien, dans la crainte de faire mal, et dans l'espérance de faire mieux ; il abandonne ce qu'il a entrepris ; il reprend ce qu'il a quitté ; il commence toujours beaucoup de choses, et ne finit jamais rien ; il a dans la tête plusieurs projets irréguliers qui partagent son attention et le distraient ; il a pour le même objet une foule d'idées incertaines ; c'est un esprit confus ; les projets qu'il forme sont toujours trop grands ou trop petits, eu égard à la circonstance, parce qu'il croit être

---

porter le commandement au plus haut degré de perfection, il faudrait que dans l'art militaire tout fût bien distinct : par ce moyen le général ne considérerait pas deux objets à la fois ; ce qui partage son attention, et lui fait perdre de vue son but principal.

(1) La plus juste prévoyance est fondée sur l'expérience du passé. Quand un évènement fâcheux est arrivé on voit alors comment on aurait dû s'y prendre pour l'éviter : or, il appartient à un excellent génie de prévoir l'accident avant qu'il arrive.

dans les cas extraordinaires quand il est dans les cas ordinaires ; il les exécute avec trop de présomption ou avec trop peu de confiance ; il a de l'espérance lorsqu'il doit avoir de la crainte ; et il a de la crainte lorsqu'il doit avoir de l'espérance : en un mot, il a toujours ou trop de force ou trop de faiblesse, parce qu'il manque dans une circonstance de ce qu'il prodigue dans l'autre, et, perdant sans cesse de vue son objet principal pour embrasser des accessoires, il voit bien des minuties qu'il ne devrait pas voir.

Il faut que le général soit comme un miroir où les soldats puissent se voir, et que par manière de réflexion il aperçoive en lui-même leur goût, leur esprit : c'est alors qu'une foule de boucliers se lèvent pour le conserver ; il voit par leurs yeux, il entend par leurs oreilles. Certes, un général qui, par les liens de la confiance et de l'amitié, unit toutes les parties de son armée, qui en fait un corps dont il est l'ame, qui y excite l'émulation, qui y encourage la vertu, qui y aiguillonne le talent, qui en proscrit le luxe, le faste, la corruption et la mollesse, ce général est capable de vaincre les ennemis dans toutes les batailles.

L'homme qui commande doit servir de modèle de simplicité à ceux qui obéissent; il ne serait pas raisonnable de croire que les soldats fussent contens de leur médiocrité, tandis que le général leur inspirerait le goût de la magnificence; il doit les accoutumer aux privations, afin qu'ils fassent comme s'ils manquaient de tout au milieu des richesses : alors ils réunissent dans leurs besoins toutes les ressources de l'abondance et toutes les vertus de la pauvreté. *Alexandre*, quoique brûlant de soif dans les déserts de l'Afrique, refuse de boire la tasse d'eau qu'on lui présente, parce qu'il n'y en a pas assez pour toute l'armée; et à la vue de cet héroïsme ses soldats abattus reprennent leur courage pour poursuivre leur marche. (1)

Les plus grands généraux ont détruit ou caché les richesses pour exciter le courage de leurs soldats. *Alexandre,* dont nous venons

---

(1) Un pareil trait caractérise le grand homme qui, en dépit de son rang, ne s'estime pas plus que les autres dans une chose de première nécessité; et il est d'autant plus admirable dans un général d'armée, qu'il se prive volontairement d'un besoin absolu, tandis qu'on lui présente de quoi le satisfaire.

de parler, engage son armée, chargée des dépouilles des Perses, à brûler ses bagages; et
dès qu'elle y a mis le feu elle est prête à le
suivre. *César* fait déposer dans le temple
d'Ops des sommes immenses pour ne s'en servir qu'au besoin. L'un livre aux flammes des
effets précieux pour rendre ses soldats plus
intrépides, en leur fournissant l'occasion de
réparer une perte considérable; l'autre débar-
rasse son armée de tous les trésors qui pourraient la ralentir dans ses travaux.

Quand le général donne l'exemple du désintéressement et de la simplicité, le soldat
aurait honte de ne le pas imiter, parce qu'il
est plus à portée du même sacrifice : alors la
privation du chef devenant occasionnellement
celle de l'armée, il se ménage des ressources
qui pourront lui servir dans les circonstances
difficiles.

Les bonnes troupes ne se forment pas au
sein du luxe et de la mollesse; il faut bannir des
camps les richesses et le faste, faire aimer la
la frugalité, faire haïr l'intempérance. Ah!
quand un général s'attache à inspirer par son
exemple le goût de la simplicité; quand il sait
user de l'ascendant qu'il peut avoir sur l'es-

prit de la troupe, c'est alors que l'amour de la patrie, le desir de la gloire, l'enthousiasme de la vertu, la fièvre de l'héroïsme transportent les soldats et les rendent invincibles.

Ce n'est pas que la bravoure d'un général n'exige de cette fierté qui transporte l'ame et l'élève à de hautes entreprises; il faut qu'il trouve dans son rang des motifs de grandeur sans en devenir orgueilleux. Il lui est permis de s'élever pour ainsi dire au-dessus de son grade, pourvu que le soldat ne soit pas avili; car comme l'obéissance est pénible aux hommes, parce qu'ils sont naturellement égaux, il importe de ménager ceux qui y sont soumis, en les commandant avec modération.

La modération est une qualité qui convient parfaitement aux généraux. Un commandement exercé avec violence serait horrible et n'aurait qu'un effet révoltant. Voyez *Alexandre, César, Auguste, Trajan* et *Bonaparte;* ils se sont rendus célèbres dans la guerre, parce qu'ils ont su mériter l'amour et la confiance de leurs soldats. Voyez *Néron, Domitien, Antoine, Commode* et *Caracalla,* ils se sont rendus fameux à la tête de leurs troupes par une faiblesse honteuse et par une lâche barbarie.

L'homme digne du commandement pense qu'il ne peut être lâche ni orgueilleux sans se déshonorer; il mesure son courage à son élévation; il égale sa simplicité à sa grandeur; et en se rapprochant des soldats il se relève bien plus que s'il affectait de l'orgueil : enfin il ne cherche pas à les surpasser par la supériorité de son poste, mais par la grandeur d'ame.

Il faut donc mettre le commandement à la portée de l'obéissance, sans lui retrancher aucun degré de la supériorité qu'il doit avoir. Un général qui s'éloignerait trop des soldats détruirait le rapport qui doit exister entre eux, et en croyant augmenter sa prééminence, il l'affaiblirait par le vide qu'il laisserait entre lui et la troupe : ainsi il se désunirait d'avec les soldats, et il s'en verrait bientôt abandonné, parce qu'il n'aurait pas sur eux assez d'ascendant pour les rallier sous son commandement.

La plupart des généraux ne jugent des soldats que d'après les rapports infidèles que leur en font les officiers, et alors il n'est pas possible que les soldats soient bien conduits, parce qu'ils sont avilis et même tyrannisés par ceux qui les commandent. Mais un bon général

descend jusqu'au dernier poste pour connaître
l'esprit du soldat, parcourt tous les rangs,
et voit par lui-même ce qui se passe dans
l'armée.

Que le général ne flatte point, ni ne mé-
prise point ses soldats : le mépris pourrait les
porter à la révolte, et la flatterie à l'insubordination. Il faut qu'il marque par une grandeur convenable le rang de général qui le
distingue des soldats, sans oublier les sentimens d'humanité qu'il faut avoir dans toutes
les conditions; il doit prendre en un mot le
caractère du général, sans effacer le caractère
de l'homme; et alors il sera respecté et chéri
de son armée.

Oui, le général doit toujours conserver son
caractère distinctif; il faut qu'il garde sans
affectation la grandeur qui convient à son rang
en déposant cette vaine pompe qui le dégrade-
rait aux yeux de l'austère vertu; et dans son
élévation, se réduisant aux seuls besoins de
la nature, il montre aux soldats qu'il ne vit
que pour la patrie.

Un bon général a pour chaque grade les
égards qui lui sont dus; il sait honorer l'officier
sans avilir le soldat; il a pour l'un et pour
l'autre une considération proportionnelle. S'il

respectait trop le premier, il ne respecterait
pas assez le second : les grades doivent être
sagement distingués ; le soldat même le desire, par l'envie qu'il a d'y parvenir ; mais il
n'aime pas d'être méprisé ; et peut-être, à certains égards, le général devrait-il le traiter
avec plus de distinction, soit pour l'attacher
davantage à son devoir, qui est plus pénible,
parce qu'il est moins glorieux, soit pour s'en
mieux distinguer lui-même en devenant moins
familier par la plus grande considération
qu'il lui accorderait : or, il est à croire
qu'en rendant plus honorable la condition du
soldat on pourrait le punir par des peines
infamantes. C'est autant par l'avilissement
de ce grade que par la corruption des mœurs
qu'il a fallu recourir à des peines afflictives.
A des gens sans honneur il faut des châti-
mens terribles, qui pourtant font sur eux une
légère impression, parce qu'ils ne les sentent
qu'à raison de leur dégradation ; mais le général
ne doit jamais s'enorgueillir du commandement ; il doit en écarter avec décence le trop
grand appareil, et dire comme *Camille,* que
ce n'est pas la dignité qui donne le courage et
fait le grand homme ; qu'il est aussi beau de
se distinguer dans un grade subalterne que

dans un grade supérieur; que si l'un n'exige pas de si grands talens, il est aussi moins susceptible de grandeur, et qu'il y a par conséquent bien plus de mérite à l'ennoblir.

CHAPITRE XII.

Des Ruses de guerre.

POUR faire voir combien les puissances sont acharnées à se détruire les unes les autres, je dirai un mot des ruses qu'elles emploient dans la guerre. Il faut entendre par ruses tous les stratagêmes qui peuvent procurer quelque avantage sur l'ennemi. Jamais aucun peuple n'en a fait un usage plus constant que les Romains et les Carthaginois dans les guerres qu'ils eurent ensemble.

Les ruses les plus usitées sont les espionnages, les explorations et les escarmouches. Je traiterai brièvement de ces trois espèces, sans parler d'une infinité d'autres qui naissent des tems et des lieux; car il faudrait être sur le théâtre même de la guerre pour les bien développer, et encore alors on est plus dans le cas d'en faire l'application que l'explication, parce qu'on doit en faire un usage caché si l'on veut qu'elles réussissent.

ESPIONS.

Le rôle que les espions remplissent est si-
mulé; ils examinent en secret la situation des
lieux, des camps, des tranchées, des fortifica-
tions, pour savoir par où l'on peut attaquer
l'ennemi avec avantage. Il y a des espions dans
toutes les armées, et lorsqu'on les surprend
on ne les fait point mourir lentement ni
publiquement; leur mort est prompte et se-
crète comme leurs fonctions : la lenteur et
la publicité répugneraient à des puissances
qui semblent avoir honte de ces supercheries, et qui néanmoins les emploient en les
couvrant respectivement d'un voile mysté-
rieux : par ce moyen chacune d'elles laisse sa
rivale en doute sur le sort de son espion, et
elle en retire plus de profit que si elle lui
en découvrait la capture.

Pour justifier ce que je dis je citerai l'exemple d'un Prussien qui s'était déguisé sous le
costume d'un abbé, et était venu dans la
plaine de Landau examiner les retranche-
mens de l'armée française. Des soldats, ayant
aperçu cet espion à quelque distance, s'approchèrent de lui, et, trouvant dans ses mains
un livre blanc avec des pages manuscrites, ils

l'amenèrent à Francfort devant le maréchal de *Comtade*, leur général, qui, après avoir reconnu que c'était un espion, le fit pendre *aux flambeaux* la nuit suivante, à l'insu de l'armée.

L'espionnage est une ruse de guerre très-ancienne. *Alexandre* ne fit point la guerre sans avoir des espions ; *Annibal* eut des espions ; *César* , *Scipion* , *Pompée* eurent aussi des espions. Par le moyen de l'espionnage la guerre se fait à l'œil, c'est à dire avec plus de précaution : on risque un seul homme pour en conserver des milliers ; on connaît la force et la faiblesse de l'ennemi, on a une marche plus assurée, on combat plus à propos, on évite davantage le danger.

Il y a des femmes qui ont excellé dans ce métier. Sous le grand *Condé* une fille exerçait habilement l'espionnage : très-mal vêtue, elle passait chez l'ennemi ; elle y vendait des liqueurs fortes aux soldats, afin de mieux cacher son rôle, et elle observait si bien les dispositions des troupes, qu'elle procura plus d'une victoire aux Français. Un jour que l'ennemi allait faire une contre-marche pour mettre le camp français entre deux feux, elle l'annonça, et le camp fut changé de place. Dans une autre occasion, lorsque l'ennemi dressa vingt mille hommes de paille à dessein d'effrayer les troupes françaises par le nombre, elle le découvrit, et le stratagème s'évanouit comme un fantôme.

Si les espions sont utiles aux armées, ils peuvent aussi leur devenir pernicieux lorsqu'ils sont capturés. En voici une preuve tirée de l'histoire : (1) en 1692 un espion, que le général français *Luxembourg* avait auprès du roi *Guillaume III*, est découvert; on le force avant de le faire mourir d'écrire un faux avis au maréchal de *Luxembourg* : sur ce faux avis *Luxembourg* prend des mesures qui le devaient faire battre. Son armée endormie est attaquée à la pointe du jour près de Steinkerque : une brigade est déjà mise en fuite, et le général le sait à peine; sans un excès de diligence tout était perdu.

EXPLORATEURS.

L'office des explorateurs semble être le même que celui des espions; mais il y a cette différence que le premier est moins caché et moins fourbe que le second : l'un et l'autre

---

(1) Voyez l'Essai sur l'Hist. gén., tom. 7, ch. 179.

ont également pour but de découvrir quelque chose d'avantageux à leurs troupes, et de défavorable aux troupes ennemies.

Les espions s'avancent plus près des ennemis; souvent même ils vont chez eux; ils observent plus les mouvemens des troupes, et veillent plus sur les hommes. Les explorateurs, au contraire, s'approchent moins des ennemis; ils remarquent plus les lieux, et veillent plus choses.

Il faut que les explorateurs n'entreprennent rien qui puisse faire échapper une occasion favorable. On voit dans *Tite-Live* que *Lucius-Mancinus* fit une faute insigne quand il fut envoyé par *Fabius*, général des Romains, à la découverte avec quatre cents cavaliers : il s'avança d'abord pour observer les mouvemens de l'ennemi, et, voyant les Numides répandus çà et là dans les villages, il eut l'occasion d'en tuer quelques-uns. Il n'en fallut pas davantage pour lui faire oublier la commission qu'il avait de remarquer les lieux, et de se retirer sans combattre. Les Numides, partagés en plusieurs pelotons, s'approchèrent de lui les uns après les autres, puis, fuyant à dessein, l'attirèrent insensiblement jusqu'auprès de leur camp, très-fatigué : il y fut tué

avec ses plus braves gens ; le reste trouva son
salut dans la fuite.

ESCARMOUCHES.

Les escarmouches sont de petits combats
qu'on livre tantôt pour se procurer une occasion favorable , tantôt pour en prévenir une
défavorable. On se sert ordinairement de
cette ruse pour attirer peu à peu l'ennemi
en lui inspirant une pleine confiance par une
retraite simulée. Ce stratagème suppose des
forces considérables par derrière prêtes à
fondre sur l'ennemi pour l'accabler dans sa
fausse sécurité.

Dans les escarmouches les troupes qui sont
attaquées ne doivent guère quitter leur poste ;
car elles risqueraient d'être battues par d'autres
troupes qui surviendraient tout à coup pour
les surprendre. Les Romains se gardèrent
bien d'abandonner leur poste lorsqu'*Annibal* venait alternativement les attaquer avec
quelques pelotons dans la vue de les attirer
partiellement vers son armée.

On donne de ces petits combats pour affaiblir l'ennemi lorsqu'il est plus fort , pour
le faire changer de place quand il est dans

une situation très-avantageuse, pour le fati-
guer par la lenteur de la guerre lorsqu'
cherche à livrer une grande bataille. Ce genr
de combat est encore très-avantageux contr
un ennemi qui a peu de provisions de bouch
et peu de munitions de guerre; c'est le vra
moyen de les faire consommer insensiblemen
sans qu'il puisse éviter de succomber : plu
sieurs combats, qui ne valent pas une bataille
lui font perdre son tems, et, en usant se
forces, ils le mettent de plus en plus dan
l'impuissance de résister. *Alexandre*, dan
le commencement qu'il fit la guerre, ne s
hasarda que très-peu; mais dans la suite i
donna beaucoup à la fortune.

Les escarmouches sont souvent les avant-
coureurs d'une grande bataille. Tandis que
les Romains et les Carthaginois étaient cam-
pés sur les deux rives de la Trébie. *Annibal*, impatient de combattre, donn ordre
aux Numides de passer la rivière au point du
jour, et de s'avancer jusqu'aux portes du camp
ennemi en lançant des traits contre les senti-
nelles; de se retirer ensuite après avoir en-
gagé le combat, et de les attirer par cette
fuite simulée au-delà du fleuve; et il ordonna
en même tems aux autres troupes de se tenir

prêtes au combat quand le signal serait donné.

Il y a aussi une ruse de guerre maritime qui n'est pas moins en usage parmi les nations ; c'est celle d'arborer le pavillon d'une autre puissance pour donner le change à l'ennemi. (1) En voici un exemple pris dans l'his-

---

(1) Les drapeaux dans l'infanterie, les guidons dans la cavalerie, et les pavillons dans les troupes navales sont des signes certains où chaque nation peut reconnaître les autres nations, et se reconnaître elle-même : par ce moyen on distingue ses rivaux d'avec ses alliés. La France ne peut pas arborer la couleur de l'Espagne, ni l'Espagne la couleur de l'Angleterre sans violer le droit conventionnel ; ce serait un déguisement, une supercherie punissables : ces diverses enseignes sont autant de points de ralliement ; ce sont pour ainsi dire l'ame des troupes.

Dans une bataille les soldats ne perdent jamais de vue leurs étendards ; ils se rassemblent toujours autour d'eux pour ne pas diviser le corps de l'armée ; ce qui rend la défaite et la fuite beaucoup plus difficiles. Certes, il a bien fallu avoir quelque sujet de défense pour marcher à l'ennemi ; il a fallu attacher à un signe quelconque tout l'honneur d'un peuple, pour que le soldat le défendît courageusement : cela représente la nation, et chaque militaire sait qu'il défend sa patrie sous ses drapeaux. Les Romains avaient pour·

toire : (1) Tandis que le visir *Achmet Cu-*
progli assiégeait Candie en 1669, *Payanotos,*
grec d'origine, qui était auprès de lui, sa-
chant que quelques vaisseaux français, chargés

---

signe l'aigle, et l'on sait les brillans exploits qu'ils
firent sous ce symbole ; les Français ont aujourd'hui
le même signe, et l'on sait aussi combien ils sont intrépides sous cet emblème.

A Sparte et à Rome on mettait au-dessus des actions
ordinaires l'enlèvement des drapeaux ennemis ; aussi
décernait-on de grands honneurs à quiconque s'ouvrait
un chemin à travers la mêlée pour enlever un étendard : couronnes de chêne, de laurier, statue et triomphe, toutes ces récompenses étaient pour l'homme
magnanime, et cette pratique faisait d'excellens guerriers.

Enfin, l'étendard pris aux ennemis de Rome était
déposé, au milieu des acclamations publiques, dans le
temple de la Victoire, en face du dieu *Mars* si un
homme l'avait enlevé, et en face de la déesse *Pallas*
si c'était une femme ; car les femmes romaines se dis-
tinguaient aussi dans les combats. Pour marquer le courage que ces guerriers avaient montré, les dangers qu'ils
avaient courus, et les blessures qu'ils avaient reçues,
leur nom était gravé en lettres de leur propre sang
sur le drapeau qu'ils avaient pris : c'était là un des
plus beaux trophées qu'il fût possible d'élever à leur
gloire.

(1) Voyez l'Essai sur l'Hist. gén., tom. 6, ch. 159.

de provisions pour cette place, étaient en route,
fit arborer le pavillon français à plusieurs de
ses vaisseaux, qui furent reçus dans la rade
avec alégresse. *Payanotos*, étant entré aussitôt en négociation avec le conseil de guerre
de Candie, lui persuada que le roi de
France abandonnait les intérêts de la république en faveur des Turcs, dont il était
l'allié. Ce stratagême, ayant réussi, hâta la
capitulation.

Pourquoi donc emploie-t-on tant de ruses
de guerre? C'est afin de détourner les coups
terribles que l'on veut se porter. Certes,
lorsque l'esprit humain a inventé des ma-
chines qui d'un seul coup foudroient à une
très-grande distance des milliers de soldats,
qui réduisent les villes en cendres par le feu
qu'elles y portent au moyen de la poudre à
canon, il faut bien qu'il y ait des ruses de
guerre pour tâcher d'éviter ces massacres et
ces incendies; car autrement cet art destructeur ferait encore de plus grands ravages.
Mais quelle contradiction! d'un côté les
hommes emploient toutes leurs forces pour
se détruire, et de l'autre ils usent de
toute leur adresse pour se conserver; et
comme le mal l'emporte sur le bien dans ce

contraste insensé, il arrive qu'ils se détruisent, et qu'ils ne se conservent pas. J'avoue qu'une puissance a pour objet sa conservation en détruisant sa rivale; mais l'autre puissance agit dans le même sens : donc elles sont toutes les deux dans une égale réciprocité de malheurs.

Mais il est encore des ruses d'un genre plus dangereux, qui, sous une fausse réconciliation, cachent les plus noirs desseins; telles sont ces ambassades que les princes s'envoient quelquefois en signe de paix; ces négociations perfides qu'ils entament en feignant de vouloir terminer la guerre, et qui n'ont lieu que pour sonder les projets d'une puissance rivale, et connaître ses forces; ces suspensions d'armes faites pour se renforcer, dans la vue de former bientôt une nouvelle attaque pendant que l'ennemi se reposera sur la foi d'une promesse. Or, comme ces sortes de ruses sont plutôt politiques que militaires, elles feront la matière d'un autre chapitre.

CHAPITRE XIII.

Des Négociations, des Ambassades et des Alliances.

Pour traiter de la paix les puissances entament des négociations entr'elles ; mais leurs entrevues n'ont ordinairement pour but que de suspendre les hostilités, pour les rendre plus terribles. Si elles font une trève, c'est dans la vue de gagner du tems pour se refaire : chacune d'elles se flatte de rassembler plus de forces que son ennemie. Elles savent toutes qu'elles trouveront encore des raisons spécieuses pour rompre les négociations et les rendre vaines ; elles cherchent même d'avance un prétexte pour ne pas conclure la paix : aussi les moyens dont elles se servent pour terminer une guerre qu'il ne leur est plus possible de continuer, ne sont-ils que des astuces pour la recommencer avec de nouvelles forces. C'est ici que les cabinets parlent ordinairement, par la bouche de leurs ambassadeurs, le langage de la politique la plus fausse : les uns emploient la finesse, et les autres la lenteur; ceux-ci ne donnent jamais de paroles, et ceux-là en donnent toujours d'équivoques. Telle fut la manière d'agir de *Mazarin*, ministre plénipotentiaire de France, et de dom *Louis Mendès de Haro*, ministre plénipotentiaire d'Espagne, dans les conférences qu'ils eurent en 1659 sur les frontières des deux états. *Voltaire* rapporte (1) *que le génie du premier était de vouloir surprendre, et que celui du second était de s'empêcher d'être surpris.*

Depuis que les gouvernemens européens tâchent de se tromper les uns les autres en faisant des guerres et des alliances, ils ont signé des milliers de traités de paix, et livré autant de batailles : c'est une preuve que les moyens qu'ils emploient pour faire cesser les hostilités ne sont qu'un vain palliatif; c'est un prétexte qui sert à colorer ou tout au plus à différer leurs injustes entreprises : témoin la paix qui fut jurée solennellement en 1444 par *Amurath II* sur l'Alcoran, et par *Ladislas IV,* roi de Pologne et de Hongrie, sur l'Evangile, après avoir réglé les limites des possessions ottomanes, de la Hongrie et

---

(1) Essai sur l'Hist. gén , tom. 7, ch. 170.

de Venise. *Ladislas*, à l'instigation du cardinal *Julien Césarini*, légat du pape en
Allemagne, rompt le traité, viole le serment,
par cela seul que l'occasion lui était favorable
pour faire la guerre, sous le vain prétexte que
la paix était nulle, attendu qu'elle avait été faite
sans la participation du pape; car *Amurath*
avait observé toutes les conditions avec une
exactitude qui ne laissait aucun subterfuge
aux infracteurs. Mais aussi ce parjure reçut-il
le châtiment qu'il méritait : *Ladislas* ayant
péri dans la bataille de Varnes, sa tête fut
portée en triomphe de rang en rang dans
l'armée turque, et ce spectacle acheva la dé-
route des chrétiens. (1)

La politique des cours de l'Europe est si
versatile, que les princes deviennent amis
ou ennemis suivant les circonstances; mais
comme leurs traités sont ordinairement si-
mulés, ils ne s'y fient pas. On n'a jamais rien
vu de si étrange que l'accord du roi *Philippe V* avec l'empereur *Charles VI,* auparavant si acharnés l'un contre l'autre dans
la querelle de la succession d'Espagne. Ces

_____

(1) Voyez l'Essai sur l'Hist gén., tom. 3, ch. 76.

deux maisons ennemies s'unissent en 1725,
avec une méfiance réciproque, par la média-
tion de l'Angleterre et de la Hollande, qui
avaient tout fait pour détrôner *Philippe V*
et ruiner *Charles VI*.

La politique des cabinets est encore si
cruelle, que très-souvent dans la guerre de
deux états une troisième puissance soutient
le plus faible contre le plus fort, à dessein
de les affaiblir l'un par l'autre pour s'élever
ensuite sur leurs ruines. Ce fut la politique
du gouvernement français sous le règne de
Louis XIII, lorsqu'il soutint la Suède, la
Hollande, la Savoie et le Portugal contre
l'Allemagne et l'Espagne dans une guerre
ruineuse aux deux partis, et funeste à la
maison d'Autriche : ce fut encore la politique
du gouvernement espagnol sous le règne de
' *Philippe II,* lorsqu'il envoya à la faction des
Seize en France assez de secours pour l'empêcher de succomber, mais non assez pour
la rendre indépendante. Ce prince, en donnant et en retirant ses secours à la ligue, selon
qu'il fut nécessaire pour entretenir la guerre
parmi les deux partis, et en tenant leurs
forces égales, tendit ses filets de tous côtés sur

les frontières (1) et dans le sein de la France pour faire tomber ce pays divisé dans le piège de sa domination; mais il échoua, parce qu'il avait attaqué en même tems trois états, la Hollande, la France et l'Angleterre, ou pour mieux dire trois potentats, *Henri IV*, le prince *Maurice* et *Elisabeth*. C'était aussi la politique des Romains; quand ils voyaient deux peuples en guerre, bien qu'ils n'eussent aucune alliance ni aucun grief avec eux, ils ne laissaient pas de prendre les armes pour défendre le plus faible: c'était le moyen de gagner l'un par l'amitié, et de soumettre l'autre par la force; et pour conserver leur supériorité dans les guerres même de leurs alliés, ils envoyaient chez eux des ambassadeurs, qui les obligeaient de faire la paix.

Non-seulement la politique des cabinets donne quelquefois le change sur les hostilités qu'ils méditent, mais il arrive encore souvent que les ambassadeurs, au lieu de travailler pour l'établissement de la paix, vont pour sus-

---

(1) *Philippe II* avait encore armé son gendre *Charles Emmanuel de Savoie* contre la France, afin que ce royaume, déchiré au-dedans et au-dehors, le reconnût pour protecteur. Voyez l'Essai sur l'Hist. gén., tom. 5, ch. 157.

citer la guerre. En 1670 *Louis XIV* envoya la princesse *Henriette* en ambassade à la cour de Londres pour solliciter l'alliance du roi d'Angleterre contre les Provinces-Unies et les Pays-Bas, dont il avait projeté la conquête. En 1678, sous le règne du même monarque, l'ambassadeur de France à la Porte-Ottomane pressa le grand Sultan de porter la guerre en Allemagne, dans la vue de rabaisser la grandeur de la puissance autrichienne. En 1590, sous le règne de *Philippe II*, dont nous venons de parler, l'ambassadeur d'Espagne en France répandit à pleines mains les trésors de l'Amérique pour soutenir le parti protestant contre *Henri IV*, et faire passer la France sous la domination espagnole. (1)

Il y a même eu des circonstances où les ambassadeurs, qui doivent être toujours des ministres de paix, se sont mis à la tête des troupes des puissances alliées auprès desquelles ils ont été employés. *Charnacé*, envoyé de France en Hollande pour traiter des affaires politiques et militaires, y commanda un régiment en 1637. Quelque tems après le

_____

(1) Voyez l'Essai sur l'Hist. gén., tom. 5 et 7.

comté d'*Estrade*, ambassadeur auprès des
états généraux de cette même république,
devint colonel à leur service. En 1733 le comte
de *Plelo*, ambassadeur de France à la cour
de Copenhague, s'embarqua avec les quinze
cents Français qui étaient venus relâcher en
Danemarck, pour aller, suivant les ordres de
Louis XV, secourir Dantzick contre les
Russes. Ainsi les ambassadeurs des puissances
violent la sainteté de leur mission pacifique,
pour devenir tout à la fois la cause occasionnelle et efficiente de la guerre. Mais au milieu
de ces contracdictions humaines on aime à
voir dans le siècle de *Louis XIV* deux grands
généraux, le maréchal de *Villars* et le prince
Eugène, traiter au nom de leurs maîtres
en 1713, et avoir la gloire de conclure au
sortir d'une campagne, après une guerre de
douze années, cette paix d'Utrecht qu'on
n'avait pu faire encore : ils portèrent dans
leurs conférences la franchise de leur caractère, et non la duplicité de la plupart des
ambassadeurs. Ici c'est le mal qui se convertit en bien : deux ministres de guerre deviennent deux ministres de paix ; et il n'y a
pas d'exemple qui prouve mieux que ceux qui
savent bien faire l'une savent aussi bien

faire l'autre. (1) Il est arrivé aussi que par la fierté de leur caractère les ambassadeurs ont brouillé les cours dans le tems qu'elles vivaient en bonne intelligence ; ce qui a entraîné bien des malheurs de part et d'autre. La hauteur du duc de *Créqui*, ambassadeur de France à la cour de Rome en 1662, fut en même tems la cause des outrages qu'on fit à sa personne, et des pertes qu'*Alexandre VII* essuya ; car, outre les soumissions que ce pape fit au roi de France, il perdit encore le comtat d'Avignon, et fut obligé de rendre aux princes d'Italie tout ce qu'il leur avait enlevé : l'affaire fut même sur le point de devenir une querelle de nation à nation, et peu s'en fallut que Rome ne fût saccagée. (2)

Outre que les ambassadeurs des princes

---

(1) Dernièrement l'Europe a été témoin d'une plus belle pacification ; après une campagne très-courte deux empereurs ont signé sur le champ de bataille les préliminaires de la paix, qui a été définitivement conclue. Il serait donc bien important que les souverains marchassent toujours à la tête de leurs troupes, puisque ce serait un moyen pour terminer promptement la guerre.

(2) Voyez l'Essai sur l'Hist. gén., tom. 7, ch. 171.

ont été quelquefois les promoteurs de la guerre parmi les peuples, souvent encore des puissances alliées ont été à la veille de prendre les armes pour se disputer la prééminence dans une cour étrangère. *Voltaire* dit (1) qu'en 1661, à l'entrée d'un ambassadeur de Suède à Londres, le comte d'*Estrade*, ambassadeur de France, et le baron de *Vateville*, ambassadeur d'Espagne, se disputèrent le pas. Les choses allèrent si loin, que *Louis XIV*, informé de l'insulte faite à son ambassadeur en Angleterre, rappela l'ambassadeur qu'il avait à Madrid, fit sortir de France celui d'Espagne, rompit les conférences qui se tenaient encore en Flandre au sujet des limites, et fit dire au roi *Philippe IV*, son beau-père, que s'il ne reconnaissait pas la supériorité de la couronne de France, et ne réparait cet affront par une satisfaction solennelle, la guerre allait recommencer. Telle est la folie de l'orgueil que par une contradiction étonnante le moyen qu'on emploie pour conserver ou rétablir la paix est précisément ce qui fait naître la guerre.

Il est un point passé lequel l'honneur se

_____

(1) Essai sur l'Hist. gén, tom. 7, ch. 171.

tourne en ignominie par la dépravation humaine. Les plénipotentiaires, qui doivent être
si sacrés et si respectables, sont obligés tour
à tour de s'avilir jusqu'à n'être plus que des
supplians auprès des cours étrangères. En
1662 Rome, sous le pape *Alexandre VII*,
envoya un légat à la cour de Versailles pour
faire ses excuses à *Louis XIV* sur les outrages qu'elle avait faits à son ambassadeur.
En 1684 Alger, Tunis et Tripoli envoyèrent
des ambassadeurs auprès de *Louis XIV*
pour lui demander pardon et la paix. En
1685 le doge de Gênes et quatre sénateurs
vinrent à Versailles implorer la clémence de
Louis XIV, et se soumettre à tout ce que
le roi de France exigerait d'eux. En 1710
Louis XIV à son tour envoya deux plénipotentiaires en Hollande pour s'humilier
devant les ambassadeurs des puissances liguées contre lui. En 1746 Gênes envoya
encore son doge à la cour de Vienne avec six
sénateurs pour demander pardon à l'empereur
des torts qu'elle avait eus envers lui. Mélange
d'humiliation et d'orgueil! spectacle d'avilissement et de fierté! De l'extrême grandeur on
passe ainsi à l'extrême bassesse!

Il faut pourtant convenir que les ambassadeurs des puissances ont rempli quelquefois avec succès l'objet de leur mission. *Henri IV* eut en 1609 la gloire de conclure par ses ambassadeurs une trève de douze années entre le roi d'Espagne et le prince *Maurice*, gouverneur de la Hollande. Un ambassadeur d'Amsterdam eut en 1668 l'honneur de préparer à Saint - Germain le traité de paix qui se conclut à Aix-la-Chapelle entre la France et l'Espagne d'un côté, et de l'autre l'Angleterre et la Suède. (1) Voilà deux exemples où les ambassades ont eu un effet conforme à leur institution : si donc elles ne sont pas toujours les préservatifs de la guerre, elles en sont du moins quelquefois les remèdes.

En fait de traités de paix on n'en voit pas de plus beau dans l'histoire ancienne que celui de *Genon,* roi de Syracuse, avec les Carthaginois vaincus, par lequel, suivant le rapport de *Montesquieu*, il leur fit abolir la coutume barbare d'immoler leurs enfans : un traité de cette espèce mériterait de servir de modèle à tous les conquérans. Mais aussi on

---

(1) Ce fut *Van - Beuning*, bourgmestre d'Amsterdam, qui prépara ce traité. Voyez l'Essai sur l'Hist. gén., tom. 7, ch. 173.

ne trouve rien de plus horrible dans l'histoire moderne que les massacres que le farouche *Pyzarre* fit commettre par les Espagnols sur les malheureux Indiens dans la conquête du Nouveau-Monde. La plume tombe des mains quand on veut tracer les horreurs que les Castillans commirent envers les Péruviens. Il faut donc convenir que tandis que les sages de la terre préconisent la douce humanité, elle est cruellement outragée par des hommes pervers.

On trouve le principe de toutes les super-cheries des cours dans cette ambition fréné-tique qui s'autorise des lois même faites pour la réprimer : on négocie à dessein de trom-per ; on feint des craintes, on suppose des menaces pour avoir un prétexte de faire la guerre : il paraît bien par cette conduite que l'on veut souvent se faire un droit légitime de ce qui n'est qu'un droit prétendu. Quoi ! a-t-on jamais rien vu de plus injuste que la déclaration de guerre que le roi d'Angle-terre a faite au roi d'Espagne, parce que celui-ci ne voulait pas armer contre la France ? déclaration qui n'avait pour fondement que la perfidie, quoique le monarque anglais la fît sous le seul prétexte que l'Espagne four-

nissait des secours à la France à titre d'alliée.
Bien plus, sans aucune déclaration de guerre
les Anglais ne prirent-ils pas aux Français,
en 1755, plus de trois cents vaisseaux mar-
chands, et ne s'emparèrent-ils pas aussi de
quantité de navires des autres nations, qui
apportaient en France des marchandises ?

Les vrais principes du droit public consis-
teraient à rendre la foi des traités inviolable
pour toutes les nations ; mais tant qu'il n'y
aura pas dans l'Europe une force centrale
pour contenir chaque état dans ses bornes, la
politique des cours sera libre de les enfreindre.
Les peuples auraient bien intérêt d'exiler la
mauvaise foi qui les arme les uns contre les
autres ; mais les gouvernemens la font régner
pour satisfaire leur jalousie : or, comme chaque prince peut en user impunément pour
surprendre son rival, on ferme les yeux sur
ce vice, qui peut devenir plus ou moins favorable. Les Romains ne faisaient jamais la paix
de bonne foi, parce qu'ils cherchaient à tout
envahir. Quand ils voulaient faire la guerre
aux autres peuples ils leur envoyaient des
ambassadeurs qui devaient parler en maîtres,
pour provoquer leur indignation et recevoir
quelque mauvais traitement : c'était là un

2.　　　　　　　　　14

prétexte sûr pour les attaquer : la guerre qu'ils firent contre les Dalmates n'eut pas d'autre fondement. On voit assez par cette conduite que Rome se faisait toujours un prétendu droit d'attaquer les autres villes pour les asservir sous quelque couleur de justice. (1) Les états modernes suivent à peu près les mêmes principes ; leurs traités ne sont que des suspensions d'armes : il y a si peu à compter sur la foi des traités, qu'on a vu former des attaques soudaines sans raison légitime, et même sans aucun prétexte, dans le tems que la paix régnait entre les puissances. On fait la paix ; mais la haine et la vengeance ne s'éteignent point dans les esprits : c'est pour cela que les paix, qu'on déclare perpétuelles, ne sont, à proprement parler, que des trèves très-courtes. (2)

---

(1) « La raison qui engageait les Romains à faire la guerre à tous les peuples, dit *Rollin*, n'était autre chose qu'une passion démesurée de dominer ; mais cette ambition était couverte d'un voile d'équité, de modération, de sagesse qui lui ôtait tout ce qui aurait pu la rendre odieuse. » *Avant-propos de l'Hist. rom.*

(2) Voici comme *Millot* s'exprime sur cette matière : « De part et d'autre, dit-il, nous trouvons de l'injustice, de la violence, de l'aigreur, et une ja-

Rien ne peut mieux faire connaître la manière d'agir des Romains envers leurs ennemis, dans le tems que la république était
triomphante, que ce que *Montesquieu* en a
dit : (1) « Quelquefois ils abusaient de la
« subtilité des termes de leur langue : ils dé-
« truisirent Carthage disant qu'ils avaient
« promis de conserver la cité, et non pas
« la ville. On sait comment les Etoliens,
« qui s'étaient abandonnés à leur foi, furent
« trompés : les Romains prétendirent que la

---

lousie ambitieuse qui n'attend que des conjonctures
favorables. La voix de l'équité, les règles de la bonne
foi ont peu de force quand les passions gouvernent.
Aussi la guerre en apparence la plus juste est - elle
presque toujours condamnable dans son principe.......
Plaignons le genre humain tant que la morale ne
dirigera point la politique universelle ! alors les traités
même seront un lien fragile ; alors les états, toujours
en garde et en défiance les uns à l'égard des autres,
seront ennemis sous les dehors de l'amitié ; et, comme
la première des lois naturelles oblige de veiller à
sa propre conservation, il arrivera quelquefois que
les horreurs de la guerre pourront être justifiées par
la nécessité seule de prévenir des attaques certaines,
dont il n'y aurait pas d'autres moyens de se défendre. »
Elém. d'Hist. gén., *Hist. rom.*, 6ᵉ *époque*, ch. 4.

(1) **Grand. et Décad. des Rom.**, chap. 6.

« signification de ces mots, *s'abandonner à*
« *la foi d'un ennemi*, emportait la perte
« de toutes sortes de choses, des personnes,
« des terres, des villes, des temples et des
« sépultures même.

« Ils pouvaient même donner à un traité
« une interprétation arbitraire : ainsi, lors-
« qu'ils voulurent abaisser les Rhodiens ils
« dirent qu'ils ne leur avaient pas donné au-
« trefois la Lycie comme présent, mais comme
« amie et alliée.

« Lorsqu'un de leurs généraux faisait la
« paix pour sauver son armée prête à périr,
« le sénat, qui ne la ratifiait point, profitait
« de cette paix, et continuait la guerre : ainsi,
« quand *Jugurtha* eut enfermé une armée
« romaine, et qu'il l'eut laissé aller sur la
« foi d'un traité, on se servit contre lui des
« troupes même qu'il avait sauvées; et lors-
« que les Numentins eurent réduit vingt
« mille Romains, près de mourir de faim,
« à demander la paix, cette paix, qui avait
« sauvé tant de citoyens, fut rompue à Rome;
« et l'on éluda la foi publique en envoyant
« le consul qui l'avait signée.

« Quelquefois ils traitaient de la paix avec
« un prince sous des conditions raisonna-

« bles ; et lorsqu'il les avait exécutées,
« ils en ajoutaient de telles, qu'il était forcé
« de recommencer la guerre : ainsi, quand
« ils se furent fait livrer par *Jugurtha* ses
« éléphans, ses chevaux, ses trésors, ses
« transfuges, ils lui demandèrent de livrer
« sa personne ; chose qui, étant pour un
« prince le dernier des malheurs, ne peut
« jamais faire une condition de paix. »

A l'exemple des Romains, pour se ménager le droit de la guerre, les puissances
modernes insèrent souvent dans leurs traités
de paix des articles obscurs, des termes équivoques ; c'est afin de les interpréter d'une
manière quelquefois injuste, mais toujours
conforme à leurs intérêts particuliers. Il
arrive aussi qu'elles font des omissions vo-
lontaires ou involontaires, c'est à dire par
inadvertance ou de propos délibéré, qui sont,
les unes ainsi que les autres, des levains de
discorde parmi les peuples. Faute d'avoir
spécifié dans le traité d'Utrecht, conclu en
1713, les limites de l'Acadie, que *Louis XIV*
céda à la reine *Anne*, la guerre s'alluma en
1756 entre la France et l'Angleterre au sujet
de cette omission, qui ne fut que le fruit de
la négligence, ou de l'impéritie, ou de la mau-

vaise foi des ambassadeurs : aussi *Louis XV,* pour réparer cette omission, confirma-t-il en 1763, par le traité de Paris, la cession de cette province avec ses bornes désignées.

« Les traités, dit *Bodin,* (1) doivent être clairs, étendus pour tout prévoir, et précis dans l'expression. Une politique condamnable met en usage la confusion et l'équivoque; souvent elle renvoie à un autre tems la décision des différends de peu de conséquence. Les traités sont faits pour prévenir ou terminer les guerres, et pour assurer le repos des nations. Est-il rien de plus contraire à ces objets, et à la raison que d'y laisser des semences de division, et d'y réserver un droit de chicane, que la seule vanité des politiques regarde comme un avantage réel? Ce faux avantage est dans le fond funeste à la véritable gloire du prince, à ses peuples et à l'humanité. »

« Plus la foi des traités est sacrée, dit « *Mably*, (2) plus il faut écarter avec soin tout « ce qui peut y donner quelque atteinte. Faut-« il exposer les traités à devenir le jouet des

---

(1) Abrégé de la Rép., liv. 5, ch. 5.
(2) Droit public de l'Europe, ch. 1.

« subtilités, des sophismes et des chicanes de
« l'ambition et de l'intérêt ? Il n'y a plus rien
« de stable entre les nations si l'on admet
« dans leurs conventions des conditions ta-
« cites; car il n'est que trop prouvé, pour le
« malheur des hommes, que leurs passions les
« aveuglent même sur leurs engagemens les
« plus clairs et les plus évidens. »

Dans les traités qu'elles signent les puissances doivent donc faire en sorte que tous
les articles essentiels ne soient point rédigés
en des expressions vagues; que chaque condition y soit stipulée sans équivoque, et que
le texte ne renferme point de réflexions inutiles, afin qu'on ne puisse les interpréter dans
un sens contraire. « Tous les négociateurs,
dit un encyclopédiste, mettent de la subtilité
à circonvenir ceux avec qui ils traitent; à ménager de telle sorte les conditions du *traité*,
que tout l'avantage en revienne à leur maître.
On ne rougit pas d'une conduite si contraire
à l'équité, à la droiture et à l'honnêteté naturelle; on en fait gloire, et c'est ce qu'on
appelle du talent et du mérite. »

Que d'exemples n'avons-nous pas sous les
yeux des injustices qui se sont commises
d'état à état! Après le traité d'*Osnabruck*,

plus généralement connu sous le nom de
Westphalie, qui se conclut en 1648 entre la
Suède et l'Allemague, l'empereur fit passer
en Flandre près de trente mille hommes pour
donner secours aux Espagnols, contre les
articles du traité. En 1670, tandis que la Hollande, liée avec l'Espagne et l'Angleterre,
en paix avec la France, se reposait avec sécurité sur la foi des traités, *Louis XIV* se
préparait à en faire la conquête; pour réussir
dans ce dessein il détacha le gouvernement
anglais de cette république par la promesse
d'argent qu'il fit à son roi. La princesse
Henriette fut, comme nous l'avons déjà
dit, le plénipotentiaire qui consomma ce traité
entre les deux puissances. *Charles*, séduit par
l'amitié de sa sœur et par l'argent de la
France, signa tout ce que *Louis XIV* voulut. Par cet accord secret il fut convenu que
les dépouilles des Hollandais seraient parta-
gées entre la cour de France et celle d'Angleterre, comme en 1635 on avait partagé la
Flandre avec eux. (1) Ainsi les puissances
changent, selon les circonstances, de desseins,
d'alliés et d'ennemis, et elles se traversent
bien souvent dans leurs projets. Elles tâ-

_____

(1) Voyez l'Essai sur l'Hist. gén., tom. 7, ch. 174.

chent toujours de combiner les règles de la
justice avec leurs procédés, quoique leurs procédés soient souvent contraires aux règles
de la justice.

La politique des cours est tellement incertaine dans sa marche, qu'une puissance
se déclare pour ou contre une autre puissance selon l'esprit d'intérêt qui l'affecte.
L'Espagne, qui s'était liguée avec l'Angleterre, la Hollande et la Suède contre
Louis XIV en 1668, se ligua avec la France
contre l'Angleterre, la Hollande et l'Autriche en 1701. *Victor Amédé*, roi de Sardaigne et duc de Savoie, fut tantôt allié et
tantôt ennemi de la France et de l'Autriche.
Enfin le cours des choses est tellement changeant, que la Hollande, l'alliée naturelle de la
France, devint en 1673 l'alliée de la maison
d'Autriche, sa rivale; et que le Portugal, l'ennemi naturel de l'Espagne, devint son allié
dans la guerre de la succession. (1) On peut
conclure de là que les princes oublient les
injures comme les bienfaits quand la voix
de l'intérêt se fait entendre. (2).

_____

(1) Voyez sur ces divers faits l'Essai sur l'Hist. gén.

(2) « Si l'on voit si souvent, dit un encyclopédiste,
les nations alliées renoncer à leurs alliances, et changer

La politique de l'Europe est encore si vénale que les princes ont mis souvent à prix leurs services. En 1673 *Louis XIV* acheta l'alliance du duc d'Hanovre, de l'électeur de Brandebourg et du roi d'Angleterre pour faire la guerre à la Hollande. En 1701 le duc de Mantoue se vendit à la France, et reçut garnison dans ses états. En 1543 *François Ier*, roi de France, envoya de l'argent au parti écossais qui devait fomenter la guerre contre l'Angleterre. (1)

Il est arrivé quelquefois que deux puissances belligérantes ont cessé leurs hostilités pour se liguer contre une autre puissance qui leur a paru redoutable. Cette union de deux ennemis contre un troisième est ce qu'on peut appeler une *double diversion*. En 1188, au bruit des victoires de *Saladin*, à la nouvelle de son alliance avec le grand-turc, toute l'Europe s'alarma ; les puissances, à l'instigation

---

de parti, c'est que les états ainsi que les particuliers ne s'occupent guère que du moment actuel : pour sortir d'un embarras où ils se trouvent ils signent des traités d'alliance les plus contraires à la saine politique. On peut expliquer de cette manière les traités bizarres qu'offre l'histoire de la politique. »

(1) Voyez l'Essai sur l'Hist. gén., t. 3.

du pape *Clément III*, se liguèrent entre elles. Les Français et les Anglais suspendirent leurs différends, et mirent toute leur rivalité à marcher au secours de l'Asie, sous le commandement de *Philippe-Auguste*, roi de France. (1) Par cet exemple on voit que la politique des cours embrasse toujours le parti le plus conforme à ses intérêts, se souciant fort peu de la justice, dont elle emprunte néanmoins les couleurs, ou pour mieux dire le langage.

Les princes font bien des traités de paix, d'alliance et d'amitié; mais ces traités n'ont de durée qu'autant que leurs intérêts restent unis : *Mars* sommeille un moment pour se réveiller avec plus de fureur. Après le traité de paix qui se conclut en 1699 à Carlowit, les états furent quelque tems tranquilles; on n'entendait parler de guerre ni en Europe, ni en Asie, ni en Afrique, ni en Amérique; tous les peuples étaient en paix dans l'an-

---

(1) C'est ainsi qu'en 1242 les chrétiens d'Asie ont suspendu quelque tems leurs querelles particulières pour résister, avec le soudan de Damas, aux habitans de Chorazan, qui venaient fondre sur eux. Voyez l'Essai sur l'Hist. gén., tom. 3, ch. 45.

.cien et le nouveau continent; on aurait dit
que la guerre était pour jamais éteinte :
mais les malheurs publics recommencèrent
bientôt; le nord de l'Europe fut troublé
dès le commencement du dix - septième
siècle par deux hommes également remar-
quables; c'étaient le czar *Pierre Alexiovitz,*
empereur de Russie, et le jeune *Charles XII,*
roi de Suède. Le premier fut par son génie le
réformateur de sa nation; le second fut par
sa valeur un héros à la tête de ses troupes. (1)

Les alliances qui se font même entre les souverains par des mariages ne mettent pas
toujours les états à l'abri de la guerre : on ne
marie pas les intérêts des princes comme
leurs personnes; ces alliances mettent souvent de petits intérêts domestiques en opposition avec les grands intérêts des peuples.
L'histoire atteste cette vérité.

Nous distinguerons ici deux principales
sortes d'alliances; l'une dérivant du principe
du gouvernement monarchique, laquelle
peut s'appeler alliance de haine et de destruction; l'autre dérivant du principe du
gouvernement démocratique, laquelle peut

---

(1) Voyez l'Essai sur l'Hist. gén., tom. 8, ch. 190.

s'appeler alliance d'amitié et de conservation. (Je cite seulement la monarchie et la
démocratie, parce qu'il n'y a que ces deux
gouvernemens qui soient de forme absolue;
tous les autres sont des gouvernemens mixtes
qui se rapprochent plus ou moins d'une de
ces deux formes.) La première de ces alliances, fondée sur les rapports internes qui dérivent parmi les citoyens de leur réunion politique, fait la force et l'appui des républiques; et la seconde, fondée sur les rapports
externes qui dérivent parmi les peuples de
leur réunion militaire, cause la ruine et l'af-
faissement des monarchies.

Il faut entendre par alliance démocratique
ou d'amitié cet accord intime de divers membres formant un corps d'état pour se conserver, et par alliance monarchique ou d'hostilité cette jonction fatale de divers corps politiques formant des troupes pour se détruire.
D'un côté il y a flux et reflux de bien, et de
l'autre il y a action et réaction de mal.
Ainsi les cantons de l'Helvétie, dont la conservation porte sur la première de ces alliances, forment en Europe une république qui
subsistera tant qu'elle ne sera pas détruite par
quelque cause étrangère : ainsi les royaumes

d'Angleterre et de Portugal, dont le salut consiste dans la dernière de ces alliances, sont des états qui périront tôt ou tard. En un mot la guerre appartient essentiellement aux monarchies, et la paix aux républiques; témoin la Suisse, qui a toujours gardé une neutralité salutaire dans les guerres qui ont désolé l'Europe; témoin la France et l'Espagne, qui ont eu à soutenir bien des guerres désastreuses. La jonction d'une puissance avec une autre entraîne le choc de plusieurs; presque toutes les guerres sont une suite de ces cruelles alliances qu'on signe de part et d'autre du sang des ennemis; la ligue de 1793 contre le peuple français en est une preuve toute récente.

Une alliance d'amitié, me dira-t-on, est une chose qui se conçoit; mais une alliance de haine ne peut se comprendre, parce qu'elle implique contradiction. Non, il n'y a aucune contradiction; car deux états monarchiques, s'unissant pour en attaquer un troisième, ne forment-ils pas une alliance de haine contre l'assailli? et loin que cette association hostile soit une contradiction pour les puissances liguées, c'est bien plutôt un accord passé entre elles pour faire la guerre à une autre puissance : leur pacte de rivalité peut s'appeler une coalition envers celle qui est l'objet de leur haine.

En parcourant l'histoire des nations on voit un tableau qui fait horreur par les ruses, les artifices et les cruautés qui ont déshonoré la plupart des guerriers. Si les hommes ambitieux étaient un peu plus avares du sang humain, et un peu moins avides de la fausse gloire, le prince d'Orange, pour faire voir seulement combien *Louis XIV* avait en lui un ennemi redoutable, n'aurait pas livré, le 14 août 1678, contre le maréchal de *Luxembourg,* un combat, où il périt deux mille hommes de part et d'autre, dans le tems qu'il savait que la paix était signée à Nimègue. Cette action barbare coûta sans aucun fruit la vie à un grand nombre de braves soldats français et allemands, puisqu'elle ne changea rien au traité de paix conclu quelques jours auparavant entre les plénipotentiaires de France et de Hollande : (1) on peut dire que c'est là se faire un jeu de la destruction des hommes.

La guerre la plus injuste, la plus vaine et la plus folle que jamais on ait faite, est celle

_____

(1) Voyez l'Essai sur l'Hist. gén., tom. 7, ch. 177.

que la reine *Anne d'Autriche*, régente du royaume de France pendant la minorité de *Louis XIV*, fut obligée de soutenir en 1643 contre le roi d'Espagne *Philippe IV*, son frère. Il est impossible de savoir pourquoi l'on faisait cette guerre, puisqu'elle n'avait pas même de prétexte. La France se battait avec l'Espagne depuis huit ans, par cela seul que le cardinal de *Richelieu* le voulait, pour son propre intérêt. Cette guerre étrangère, qui plongea la France dans une guerre civile qui dura depuis 1647 jusqu'à 1653, ne finit elle-même que sous le ministère de *Mazarin* en 1659, époque du fameux traité des Pyrénées. Voilà le fruit de la politique ministérielle !

CHAPITRE XIV.

Des grandes Batailles.

On ne peut faire la description d'une grande bataille sans ressentir une douleur profonde; le cœur frémit d'indignation quand on veut raconter tant de calamités : je jetterai donc un voile sur ce tableau effroyable, et me bornerai seulement à quelques réflexions.

Quand les puissances sont fatiguées de faire la guerre elles rassemblent toutes leurs forces pour la terminer; c'est alors qu'on voit paraître de toutes parts des troupes innombrables qui vont s'exterminer.

Certes, il faut bien qu'il y ait de grandes batailles pour mettre fin à la guerre, sans quoi elle détruirait bientôt le genre humain.

Dans tous les tems et chez tous les peuples il s'est donné de grandes batailles, parce qu'on a toujours eu besoin de se reposer après une longue guerre; et ces batailles sont devenues décisives : ainsi la bataille d'*Arbelle*, qui se livra entre les armées innombrables des Macédoniens et des Perses, fut décisive,

2.   15

puisqu'elle donna à *Alexandre* l'empire de l'univers : la bataille de *Zama*, que les Romains gagnèrent sur les Carthaginois, décida le sort des deux villes rivales : la bataille de *Pharsale*, qui se livra entre *César* et *Pompée*, rendit *César* maître de Rome : la bataille de *Pultava*, que czar *Pierre I*er gagna sur *Charles XII*, fut décisive, puisqu'en donnant la supériorité aux Russes elle fut le terme des prospérités du roi de Suède : la bataille de *Marengo*, qui s'est donnée entre les Français et les Autrichiens, a été décisive, puisqu'elle a fait conclure la paix entre les puissances belligérantes : la bataille d'*Austerlitz*, que l'empereur *Napoléon* a gagnée sur les empereurs *Alexandre* et *François I*er, a été encore décisive, puisqu'elle a ramené la paix continentale.

Après le spectacle sanglant de tant de grandes batailles on aime à se représenter le combat des Horaces avec les Curiaces; on se plaît à voir Rome et Albe vider leur différend par les armes de trois frères contre trois frères de chaque nation : belle pratique qui a eu bien peu d'imitateurs ! Elle était sans doute trop favorable aux peuples pour être suivie des gouvernemens. Ce n'est pas ainsi

que les souverains veulent terminer leurs
querelles ; des hommes si puissans auraient
honte de ne pas se donner un plus grand
spectacle : il est vrai qu'il ne flatterait pas si
bien leur orgueil, mais aussi servirait-il mieux
la cause des peuples.

Il serait bien à desirer que les peuples belligérans, au lieu de faire marcher des masses
de bataillons destinés à teindre de leur sang
des plaines immenses, fissent dépendre le sort
de leurs querelles de ces combats particuliers
où la vie de deux individus seulement serait
engagée. Il est des exemples où des rois, pour
épargner le sang de leurs sujets, ont eu la
générosité de faire terminer des guerres malheureuses par des combats singuliers : or, si
aux yeux du dieu des armées les batailles
où des milliers d'hommes se poignardent,
ne sont pas des crimes, sans doute les combats de deux individus qui se battraient pour
deux nations différentes le seraient encore
moins.

Les grands combats sont devenus aujour-
d'hui si communs parmi les peuples, qu'on
les regarde comme des évènemens ordinaires,
et même en quelque sorte indispensables.
Certes, s'il arrivait pour la première fois que

deux nations armassent l'une contre l'autre pour s'exterminer, cette barbarie frapperait les esprits les plus féroces, et serait transmise à la postérité comme un acte de fureur et de folie; mais comme on s'est familiarisé avec l'art destructeur de la guerre, les plus grandes calamités n'épouvantent plus.

CHAPITRE XV.

Des Finances par rapport à la guerre.

LES finances se composent de cette portion de revenu que chaque particulier verse dans le trésor public pour la sûreté commune : il faut autant qu'il est possible établir une règle fixe à l'égard de leur maniement, afin que la puissance exécutrice ne puisse former des projets frivoles, c'est à dire disproportionnés aux revenus annuels de l'état, (1) et qu'après avoir calculé ce que le peuple peut payer aisément, il ne paie l'année d'après que ce qu'il a pu payer l'année d'auparavant.

Pour mettre de l'invariabilité dans les finances il faut que le pouvoir exécutif ne puisse multiplier les impôts sans le consentement de la nation ou de ses représentans. *Montesquieu* a dit (2) « que dans les états

---

(1) Ces revenus doivent se calculer sur le *maximum* et le *minimum* de plusieurs années pour en former une année commune.

(2) Esprit des Lois, liv. 13, ch. 10.

despotiques les tributs doivent être si faciles à percevoir, et si clairement établis, qu'ils ne puissent être augmentés ni diminués par ceux qui les lèvent. » Je crois que cela peut s'appliquer à tous les gouvernemens.

Si le peuple pouvait savoir au juste lorsqu'il est nécessaire d'augmenter les impôts, il ne serait plus soumis à l'arbitraire des agens du gouvernement, parce que le souverain se réglerait de manière à ne rien entreprendre qui fût au-dessus de ses forces, et ménagerait ainsi les revenus du fisc dans la paix, pour avoir plus de ressources dans la guerre.

Un prince ne doit commencer la guerre qu'autant qu'il peut la terminer contre tous les évènemens du sort; car s'il quittait les armes pour les reprendre il se ruinerait en vains préparatifs, parce qu'alors il ferait une entreprise qu'il ne pourrait achever.

Si les deux puissances qui prennent les armes ne peuvent continuer la guerre qu'elles entreprennent, elles suspendront leurs hostilités par des négociations ou des trèves, dans la vue de reprendre quelque force pour faire une nouvelle tentative, et consommer encore inutilement tous leurs moyens. Si l'une seulement a si bien pris ses mesures qu'elle puisse soutenir la guerre jusqu'à sa fin dernière, l'autre sera infailliblement accablée, ou soumise à des conditions très-dures.

Pour qu'un état puisse être belligérant il faut qu'il ait dans ses finances toujours des avances, et jamais des arrérages. Lorsque la guerre ne se fait plus avec les revenus ordinaires de l'état on doit recourir aux emprunts, et le peuple souffre encore dans la paix des calamités de la guerre par le poids des intérêts des dettes qu'on a contractées : ainsi, un souverain, quelque puissant qu'il soit, doit ménager ses richesses pour s'en servir dans les cas extraordinaires ; il faut qu'il ait toujours en réserve des ressources en argent et en provisions de toute espèce pour les besoins imprévus.

Un état ne peut être vraiment puissant s'il n'a pas dans son sein deux espèces de trésors, l'un provenant de la fertilité de son sol, et l'autre du désintéressement de ses habitans. Lorsque chez un peuple belliqueux il y aura des richesses et des vertus, les unes serviront pour payer les frais qui sont inséparables de la guerre, et les autres pour exécuter les plus belles entreprises, par le seul amour de la gloire : mais une nation est toujours plus

puissante par les vertus que par les richesses.
Rome pauvre triompha de la riche Carthage,
parce qu'elle avait des mœurs pures, et que
l'argent n'était point le principal mobile de sa
politique, mais l'amour de la gloire, (1) et surtout de la patrie : quand, au contraire, les Romains firent la guerre avec les riches dépouilles
de l'Asie, ils ne furent plus ces hommes en-
durcis à toutes les fatigues, ces hommes extraordinaires qui bravaient la mort dans les
combats, et ne respiraient que pour la gloire;
ils n'eurent plus alors le même sentiment ni
la même énergie; la discipline militaire se
relâcha chez eux, leur courage s'affaiblit,
leurs mœurs se corrompirent; ils ne vécurent plus que dans les délices; chacun se
mit à la place de la patrie; tout se ressentit
de cet affaiblissement dans la république :
avec plus d'argent on eut plus de desirs;

---

(1) « Quand la gloire, dit *Millot*, est le premier mobile d'une nation, l'héroïsme y devient comme naturel; une branche de laurier suffit pour exciter aux
plus grands efforts : il paraîtrait honteux d'évaluer le
mérite à prix d'argent. C'est ce que l'histoire des an-
ciennes républiques offre souvent à notre admiration. »
Élémens d'Hist. ancienne, 2ᵉ part.; *Hist. grecque*,
liv. 1, ch. 3.

avec plus de desirs on eut plus de besoins, et la puissance romaine s'éclipsa insensiblement.

Il n'en faut pas douter ; ce sont les vertus qui rendent les peuples puissans et braves , et les vices qui les rendent faibles et lâches. La frugalité fit de Lacédémone une république guerrière ; l'avarice causa la perte de Carthage : la sobriété fit fleurir la Macédoine ; la somptuosité ruina la Perse : Athènes fut détruite par l'ambition et la cupidité de ses citoyens ; Marseille se conserva par la modération et l'équité des siens : la pureté des mœurs fut le principe de la grandeur de Rome, et la corruption des mœurs fut la cause de sa décadence.

CHAPITRE XVI.

Des Emprunts publics.

LES emprunts publics sont des secours que les souverains demandent sous une condition toujours onéreuse; ils ne sauraient en faire sans montrer de la faiblesse au-dehors et de l'épuisement au-dedans, et surtout sans ébranler leur crédit de toutes parts.

Si un état belligérant emprunte, comme il est arrivé plus d'une fois, ce sera ou des états neutres ou de ses propres habitans. S'il s'adresse aux premiers, et qu'il réussisse, il les fera fleurir à ses dépens par les avantages qu'il leur procurera; bien plus, il les mettra dans le cas de l'attaquer après qu'il se sera épuisé avec ses ennemis : si au contraire il a recours à ses capitalistes, il s'affaiblira de même, parce qu'il se soumettra à de gros intérêts qui le ruineront de fond en comble; et le mal qui en résultera sera d'autant plus grand, qu'il en-

lèvera des mains de ses habitans des sommes
d'argent qui pourraient servir au commerce,
aux manufactures, aux arts et à l'agriculture.

Le plus grand malheur qui puisse arriver
à un état, c'est d'emprunter, puisqu'il est
certain que s'il n'a pu subvenir à ses besoins
avant l'emprunt il le pourra bien moins encore lorsqu'il devra restituer le capital sur-
chargé de tous ses intérêts. Celui qui emprunte
appelle à son secours sous l'obligation d'une
rente quelconque : or, on ne recourt point
aux emprunts sans en avoir réellement besoin.
Tout emprunteur est dans une position fâ-
cheuse, en ce qu'il se rend dépendant du prêteur. Un état doit donc éviter autant qu'il est
possible de faire des emprunts, source des
plus grands désastres politiques.

En effet, ce sont les emprunts qui ont multiplié les guerres parmi les peuples : sans eux
les Européens n'auraient pas promené leur
fureur par toute la terre; ils ne se seraient
pas égorgés jusqu'au fond de l'Asie; ils n'auraient pas porté le meurtre et le pillage dans
l'Amérique : c'est par eux que l'Espagne, la
France, l'Autriche et l'Angleterre se sont

procuré le moyen de se détruire par tant de guerres sanglantes.

Les malheurs qui naissent des emprunts sont incalculables dans tous les états, et surtout dans les despotiques : la plupart des ministres, comptant souvent sur cette funeste ressource, ne sont guère économes des deniers des peuples ; comme ils ne sont pas long-tems en place ils prodiguent l'argent du trésor public ; ils font naître tous les jours de nouveaux besoins pour solliciter de nouveaux emprunts, pour faire lever de nouveaux subsides sur les peuples, qui, semblables aux Danaïdes, travaillent sans relâche pour remplir des coffres qui restent toujours vides.

Le peuple sait quand on augmente les impôts par le paiement de ses contributions ; mais il ne sait pas toujours lorsque le gouvernement fait des emprunts, ou du moins il ne le sait qu'au moment qu'il faut payer les dettes et leurs intérêts, qui multiplient encore les subsides : or, il vaudrait mieux dans les besoins pressans hausser un peu plus les impôts que de recourir aux emprunts, parce que le peuple ferait volontiers quelques efforts pour venir au secours du gouvernement.

lorsqu'il serait question d'éviter des emprunts dont les intérêts équivaudraient bientôt à ce qu'il aurait pu payer de plus à titre de subsides.

Il est pourtant des circonstances où l'on peut avoir recours aux emprunts ; c'est dans les grandes catastrophes qui arrivent contre toute volonté humaine : comme, par exemple, quand une guerre injuste entame leurs frontières, ou que la famine dévore leurs habitans, uo que la mer en courroux abyme leurs plus beaux vaisseaux, ou que des feux souterrains engloutissent les plus riches de leurs provinces, alors ils peuvent recourir à des emprunts.

Il faudrait donc que les souverains ne pussent emprunter que dans les besoins absolus des états ; c'est à dire quand il s'agit de les préserver de quelque malheur imminent, et alors on ne verrait plus tant de guerres étrangères. C'est depuis la grande facilité d'emprunter ou d'accroître les impôts que l'esprit militaire a pris un nouvel essor, et que les rois, plus jaloux de reculer les bornes de leurs domaines que de rendre leurs sujets heureux, se sont ruinés à l'envi, et ont dépeuplé leurs états pour régner sur des terres désertes.

Les guerres sont beaucoup plus ruineuses chez les modernes que chez les anciens, parce que les frais de munitions et les trains d'artillerie, qu'autrefois on ne connaissait pas, sont immenses. Toutefois ce serait un grand bonheur pour le genre humain qu'on eût rendu si dispendieux l'art de se détruire, qu'il fût au-dessus de la portée des peuples; mais ce qui semble devoir mettre les états à couvert de ce fléau sert au contraire à le leur rendre plus terrible par le moyen des emprunts.

L'argent est le principal ressort des états; on le voit bien par l'histoire. « Le duc de *Weimar,* dit *Voltaire,* (1) ce nouveau conquérant, soutenu de la France contre l'empereur, étant mort en 1636, légua son armée à ses frères, comme on lègue son patrimoine; mais la France, qui avait plus d'argent que les frères du duc de *Weimar,* acheta l'armée, et continua les conquêtes pour elle. » Ce n'est

___

(1) Essai sur l'Hist. gén., tom 6, ch. 147.

qu'avec ce métal qu'on est puissant puisqu'il sert à nous procurer toutes choses.

Qu'est-ce donc que l'argent? Dans le sens
actuel c'est le mobile de toutes les actions humaines : l'argent alimente les arts, et les arts
alimentent les peuples; ce métal enchanteur
séduit l'homme et le rend entreprenant, industrieux. L'aimant a la vertu attractive;
mais l'argent a la puissance coactive; c'est
le premier de tous les ressorts, (abstraction
faite des vertus morales) et rien au monde
ne pourra le suppléer physiquement tant
qu'il existera.

L'argent, cette matière dont on ne peut
jouir que par l'idée, dont la valeur en
monnaie n'est qu'une convention, a un
attrait inhérent à sa nature, qui nous appartient d'une manière qui semble foncièrement
nous l'approprier; mais la jouissance de cet
attrait n'est pas une possession réelle; c'est
la simple vision d'un objet agréable qui nous
affecte, et dont la propriété véritable n'est, par
rapport à nous, que dans l'usage que nous en
faisons.

L'homme n'a pas le droit d'enfouir son argent; il doit le faire servir à l'usage de la société en le rendant utile à tous les membres

qui la composent, d'une manière médiate ou immédiate, c'est à dire en le prêtant à autrui, (1) ou en l'employant lui-même.

---

(1) Bien entendu que le prêt doit se faire à un taux légitime, et non au 36 pour cent, comme il se pratique en France depuis qu'on a décrété l'argent *marchandise*; car qu'est-ce que le prêteur au 36 pour cent? c'est un homme qui vole ouvertement l'emprunteur; il lui baille la somme de 64 fr. au lieu de celle de 100 fr., parce qu'il prélève les 36 francs pour les intérêts de l'année; de sorte qu'il lui prête son argent au taux de 55 francs 25 centimes.

Cette usure énormissime est contraire au droit naturel, au droit positif et au droit divin, en ce que dans moins d'une année les intérêts doublent le principal; l'emprunteur trouve toujours sa ruine dans un intérêt aussi exorbitant. Or, celui qui prête à un pareil taux son argent s'approprie non-seulement tout le fruit du travail de l'emprunteur, mais il le ruine encore entièrement, parce qu'il lui enlève tous les moyens de pouvoir s'en servir avec avantage.

Comme l'argent monnayé est passif par lui-même, il faut le mettre en circulation pour qu'il procure des bénéfices : or, il ne peut recevoir que de l'homme industrieux l'action qui lui est nécessaire pour devenir lucratif; ce qui prouve que l'emprunteur, étant la cause motrice de cet instrument, doit avoir une partie du gain qu'il peut tirer de son usage; et comment

. . Mais combien n'y a-t-il pas de ces avares qui entassent leur argent pour le laisser dans un

cela peut-il avoir lieu si le prêt se fait à un taux excessif? Le secours que l'emprunteur reçoit est alors comparable au remède trop violent qu'on donne au malade ; loin de le guérir il le tue.

. Ce n'est pas qu'il ne faille accorder au prêteur un intérêt suffisant ; car un intérêt trop petit serait peut-être aussi funeste qu'un intérêt trop grand ; il rendrait les prêts rares et difficiles, parce que l'homme pécunieux, ne voyant plus la crainte de perdre son argent balancée par l'espérance d'un gain raisonnable, n'oserait plus le donner à un taux si modique ; et l'homme qui serait dans le cas d'emprunter mourrait de faim, ou deviendrait méchant par nécessité. Mais entre les deux extrêmes il est un milieu ; car, comme il n'est pas plus juste d'imposer des intérêts trop forts que des intérêts trop petits, il faut les établir sur une base proportionnelle, vu que l'argent fait valoir l'industrie, comme l'industrie fait valoir l'argent : or, l'intérêt légitime, qui est le produit que le prêteur retire à titre d'indemnité de l'argent qu'il a prêté, est très-avantageux à la société, en ce que l'oisive opulence laisserait reposer ses trésors sans en retirer aucun profit, et la pauvreté industrieuse serait réduite à mourir de faim sans le secours de l'emprunt. Mais à quel taux pourrait-on fixer l'intérêt? Je pense que dans l'état actuel des choses on pourrait le régler à 7 et demi.

coffre, et se priver ensuite des objets les plus nécessaires, comme si la jouissance de ce métal consistait à ne pas s'en servir! Telle est l'inconséquence ou plutôt la folie de l'homme travaillé par l'avarice, qu'il suspend ses jouissances actuelles dans la vue d'augmenter ses jouissances futures; et comme son ambition lui fait naître toujours de nouveaux besoins, il meurt sans avoir le tems de jouir de ses richesses. (1)

Qu'est-ce donc qu'un avare? C'est un homme dont l'imagination, remplie de l'argent seul, se refuse à tout le reste : il se perd dans le vide immense qu'il ne peut combler; ignorant que le désir contraste avec la possession, (2) que l'opulence est dans

_____

(1) « L'homme qui est épris de l'amour des richesses, dit *Gravina*, ressent une continuelle pauvreté, parce qu'il compte pour rien les choses qu'il a, et qu'il désire celles qu'il n'a point, lesquelles vont à l'infini...; et, loin qu'un changement favorable de fortune fasse voir à l'homme ambitieux la fin de ses misères, il lui en fait au contraire trouver de nouvelles. » *Esprit des Lois rom.*, tom. 1, p, 18 et 19.

(2) Il importe cependant que l'homme ait des désirs, parce que ce sont les désirs qui mettent en jeu ses facultés physiques et morales; mais l'objet n'en doit pas surpasser ses forces; car alors il ne pourrait réussir, et son état serait malheureux.

l'idée bien plus que dans les richesses, il se sacrifie pour en amasser, dans l'espoir d'y trouver le bonheur qui le fuit. (1) Voici le sens de ma pensée : l'opulence est infiniment extensible dans l'opinion; mais dans le fait elle ne peut s'étendre jusqu'à l'infini que quand, par une abstraction de tous les biens d'autrui, on la comprend indéfiniment dans ceux qu'on possède : de là il faut distinguer deux sortes de richesses; l'une fictive, la seule qui puisse contenter un avare, qui ne peut réellement posséder tous les biens qu'il desire; l'autre véritable, mais assujettie à la supposition dont j'ai parlé, qui ne peut s'acquérir, parce que la cupidité n'a point de bornes. Ainsi on peut être riche

---

(1) « L'avare, cet esclave d'une passion qui le laisse manquer de tout pour enfouir son argent, est très-véritablement pauvre. D'après l'impulsion des mobiles qui sont en nous, les hommes ne sont avides des richesses en argent que parce qu'ils sont avides des jouissances qu'on obtient par le moyen de ces richesses : tous desirent ainsi de s'enrichir pour jouir; mais dans le système factice de notre politique il faut renoncer à jouir pour s'enrichir : cette seule contradiction suffit pour caractériser son absurdité. » *Encyclop. méthod.*, tom. 1, art. *Balance du Commerce.*

dans l'idée jusqu'à l'infini, sans qu'au réel on le puisse être ; mais quoiqu'en cela tout dépende absolument de la volonté, on ne peut se croire riche sans avoir au moins le nécessaire. Il ne serait pas possible qu'un homme dénué de tout pût jamais se faire une semblable illusion.

En faisant la distinction de ces deux richesses il faut donc faire attention que la richesse idéale ne peut suppléer la richesse réelle que lorsqu'il n'est question que de satisfaire de pures fantaisies ; mais quand il s'agit de vrais besoins il faut alors de vrais moyens. Il importe d'observer que la richesse réelle peut avoir plutôt que la richesse idéale une quotité fixe : cette dernière, plus aisée à obtenir, est sujette à bien des augmentations, toujours en raison de l'opulence qu'on veut faire naître dans sa pensée à l'aide du prestige. La première, au contraire, moins facile à obtenir, n'est susceptible d'aucune augmentation, parce qu'il est impossible d'avoir réellement cinquante écus si l'on n'a réellement que cinquante francs.

L'argent, qui dans l'opinion publique est ce qu'il y a de plus précieux, n'a de valeur qu'autant que les hommes lui en ont donné : par sa nature il est stérile ; mais par convention il a acquis une valeur condition- nelle toujours soumise à la volonté humaine. Une mesure de bled vaut, dans le fond , par sa vertu alimentaire, plus que tout l'or du Pérou , qui avec la valeur qu'on lui prête, n'a qu'une utilité extrinsèque à l'homme, tandis que cette denrée est d'une nécessité absolue pour le faire vivre ; car s'il était possible que chaque individu eût, dans quel- que position qu'il se trouvât, tout ce dont il aurait besoin durant sa vie, n'est-il pas clair que l'argent monnoyé ne lui serait nullement nécessaire ?

Le meilleur des empires est celui dont le sol est le plus fécond, et qui nourrit le plus d'habitans : aussi la France, qui jouit émi- nemment de cet avantage , (1) est-elle bien

---

(1) S'il est un peuple qui puisse se suffire à lui-même c'est sans contredit le peuple français; il habite un sol, où il peut tout créer; mais, outre que ce pays, vaste et populeux, abonde en toutes sortes de produc- tions provenant de la fertilité de son terrain et de l'industrie de ses habitans, il est encore heureuse- ment situé pour faire le plus grand commerce : il a

plus puissante que la Scandinavie. C'est à la terre de nourrir ses colons ; et un prince qui ne régnerait que sur des landes, sur des marais, sur des déserts, serait un souverain très-pauvre. Rome fut réduite à la plus affreuse misère quand *Sextus Pompée* empêcha les bleds de Sicile et d'Egypte d'aborder en Italie : ses concitoyens auraient donné volontiers leurs richesses pour quelques mesures de bled. Mais quelle fut la politique de ce Romain ? Il paraît qu'elle était bien fausse,

---

de belles rivières et des plaines immenses ; il est borné par deux grandes mers qui lui ouvrent le chemin de l'Asie, de l'Afrique et de l'Amérique.

Un des grands avantages de la France c'est que les différentes parties qui la composent, formant contiguité, se prêtent secours et assistance réciproquement. Cet empire est réellement puissant depuis les réunions qu'il a faites : aussi serait-il impossible de trouver un état mieux assis et d'une figure plus imposante ; son commerce peut s'étendre très-loin tant sur terre que sur mer. En un mot, cet empire se trouve proportionné dans les rapports de son étendue, de sa population, de sa situation, de ses manufactures, de son commerce, de ses productions et de ses richesses.

puisqu'en défendant l'importation des denrées de première nécessité, il exposait les habitans de Rome à mourir de faim.

Un pays qui n'aurait point de comestibles,
serait, sans l'argent monnoyé, sans ce signe
représentatif de toutes choses, un pays qui
mourrait de faim; mais la sagesse humaine a
prévu cette calamité, et y a obvié par une
convention sacrée qui a pour base la tranquillité, et pour but la conservation du genre humain : ce pacte inaltérable et éternel a donné
lieu au commerce, qui, promenant ses bienfaits par toute la terre, est devenu par son
flux et reflux le père nourricier des diverses
nations qui l'habitent. (1) Sans la monnaie tout
le monde demeurerait dans l'inaction; sans le
commerce les peuples ne pourraient se communiquer leurs secours; sans ces deux beaux vé-
hicules les habitans des pays ingrats se pré-
cipiteraient sur ceux des pays fertiles, et il
arriverait qu'ils se détruiraient les uns les autres pour se ravir leurs subsistances; mais

_____

(1) On pourrait le représenter sous l'emblême du
soleil, qui dans son cours journalier ranime toute la
nature.

avec ces deux puissans ressorts l'homme, devenant industrieux, peut contenter ses besoins,
ses fantaisies même, et vivre en paix sur la
terre.

CHAPITRE XVII.

De l'Utilité du Commerce et de son Origine.

LE commerce est en général la communication réciproque que les hommes se font des choses nécessaires ou agréables à la vie ; (1) les unes sont le produit de la terre, et les autres celui de l'industrie : or, leur libre circu-

---

(1) « Le commerce, dans le sens qu'on y attache d'ordinaire, dit un encyclopédiste, est l'action d'acheter pour revendre à profit les productions de la terre et les ouvrages de l'art. Pour nous exprimer d'une manière plus exacte, nous disons que le commerce est un échange de deux ou plusieurs objets de valeurs pour valeurs égales, pratiqué par le moyen d'agens intermédiaires, ou sans ces agens, pour l'intérêt commun des échangeurs. Si cet échange se fait immédiatement entre les producteurs et les consommateurs, nous lui donnons proprement alors le nom de *commerce*; si c'est médiatement, nous l'appelons *négoce* ou *trafic*. Dans le premier cas il est plus simple; car il n'exige ni façon, ni voiture, ni revendeurs. Dans le second, plus composé, il a besoin des façonneurs, des voituriers et des revendeurs en titre. » *Encyclop. méthod.*, *Economie*, tom. 1, art. *Commerce*.

lation dans tous les pays est un moyen infaillible de les multiplier.

En cherchant l'origine du commerce on
trouve qu'il s'est établi pour satisfaire aux besoins de la vie humaine ; car comme chaque
pays n'abonde pas en toutes sortes de productions, et comme souvent ce qui croît dans
l'un ne croît pas dans l'autre à cause de la différence des climats et des terrains, les hommes et les peuples ont été obligés de faire l'é-
change de leurs denrées, afin de réunir chez
eux les diverses productions.

Malgré l'utilité du commerce il ne faut pas
croire qu'il se soit étendu tout d'un coup
dans le monde ; sa marche a été graduelle
comme celle de l'esprit humain. Les différens produits de la terre et de l'industrie ont
d'abord été échangés immédiatement entre
deux hommes voisins qui les ont fait naître,
et à mesure que la société s'est perfectionnée,
le commerce s'est agrandi ; car l'homme a toujours commencé ses ouvrages par la voie qui
lui a paru la plus simple, (1) sans qu'elle ait

_____

(1) Mais peut-être, sous bien des rapports, serait-il
plus vrai de dire que l'homme a employé des moyens

été néanmoins la plus importante, à raison de ce que dans le principe, son entendement étant encore très-borné, il ne pouvait avoir tous les degrés de perfection qu'il a acquis par la suite à l'aide de l'expérience.

Un des plus précieux avantages que nous ayons reçus de la société est certainement le commerce; il rapproche les peuples qui se trouvent séparés par de vastes mers ou des déserts affreux; il communique à chacun d'eux des richesses que la nature semblait vouloir leur refuser; il leur inspire à tous la confiance et l'amitié.

Le commerce est pour ainsi dire le sang qui vivifie le corps social; si la circulation

---

complexes avant de connaître les moyens simples; car il est des choses que l'art a simplifiées ou abrégées en faisant disparaître des détails qui, simples en soi, considérés séparément, seraient devenus très-complexes dans la réunion pour arriver à un résultat important; tel est, par exemple, le calcul arithmétique : outre qu'il serait infiniment plus long de désigner le nombre *cent* par cent fois 1 que de le désigner en chiffres arabes et romain figurés comme il suit 100-C, il serait encore très-difficile et même impossible de calculer des milliards par les seules unités numériques.

cesse d'avoir lieu dans une de ses parties, elle se dessèche comme un arbre qu'on priverait de sa sève. Sans lui les insulaires de Patmos, avec leurs caillés et leurs tourterelles, manqueraient de pain ; le peuple d'Angleterre, avec ses bœufs et ses brebis, n'aurait point de vin ; la nation hollandaise, avec son beurre et son fromage, serait privée de ces deux précieux alimens ; sans lui les Américains ne connaîtraient point les amandes ni l'eau-de-vie, et les Européens le sucre, l'indigo, la canelle, ni toutes les épices dont ils se servent pour assaisonner leurs viandes.

Il y a dans le monde des peuples qui pourraient subsister d'eux-mêmes, parce qu'ils récoltent chez eux les denrées qui sont de première nécessité ; mais ceux-là même ne seraient pas moins privés d'une foule d'objets de fantaisie. Le Tunquin, cet empire des Indes où abondent toutes les choses qui sont nécessaires à la vie ; l'Arménie, ce pays de l'Asie qui est renommé par sa grande fertilité ; l'Abyssinie, ce royaume d'Afrique où l'on moissonne trois fois l'année ; la Sicile, cette île en Europe qui était le grenier des anciens Romains, pourraient se passer des au-

tres nations : mais sans le commerce les denrées que ces pays ont en surabondance se gâ-
teraient, et ils manqueraient d'une infinité
de marchandises qui leur sont agréables.

L'effet le plus important du commerce est
de rendre les choses superflues utiles, en faisant refluer chez les uns ce qui surabonde chez
les autres. Il n'y a point de pays qui n'ait ses
productions particulières : le coco vient mer-
veilleusement aux Maldives ; le riz croît de
même aux Célèbes; la myrrhe se tire de l'A-
rabie; la bonne huile et l'excellent miel se
trouvent dans l'île de Candie; le sucre abonde
dans les Canaries ; le café se recueille aux Indes; l'érable et la térébenthine fructifient dans
le Canada; le vin et les amandes se récoltent
dans la partie méridionale de l'Europe ; la canelle se cultive à Ceylan; les meilleurs bleds
se moissonnent en Turquie et en Egypte; les
plus belles laines se tondent en Espagne; les
meilleurs cuirs se tannent en Angleterre. Or, il
appartient au commerce d'échanger à l'aide de
la monnaie ces différentes marchandises.

La richesse du commerce de chaque pays se
proportionne à la quantité des denrées qu'il a
de son crû, et au nombre des espèces mon-
noyées qu'il possède dans son sein. C'est

une règle certaine que plus on a de marchandises chez soi, plus on attire du dehors de l'argent monnoyé, et plus on a de l'argent monnoyé, plus le commerce que l'on fait avec
l'étranger est considérable et avantageux. La
Hollande, qui ne produit ni vin ni bled,
à cause de l'ingratitude de son sol, semble
une exception à cette règle ; mais sa situation
avantageuse, son industrie et la quantité d'or
et d'argent qu'elle s'est procurée par son
grand commerce, en a fait un des plus abon-
dans et des plus riches pays de l'Europe.

Il faut convenir que le commerce est plus
avantageux et moins nécessaire aux nations
qui ont peu de besoins qu'à celles qui manquent de beaucoup de choses ; les unes s'en-
richissent lorsqu'à peine les autres subsistent :
mais toutefois l'industrie humaine a mis une
espèce d'équilibre entr'elles en donnant aux
premières des fantaisies qui leur font acheter
au prix de leurs denrées surabondantes les
objets d'agrément qui sortent de la main des
autres.

Rien de plus magnifique que l'ordre merveilleux qui existe dans l'univers : en jetant
les yeux sur la chaîne immense des êtres, nous
voyons que la nature a pourvu aux besoins de

tous ses enfans, et principalement à ceux des hommes, comme étant ses créatures privilégiées ; c'est elle qui a rendu les nations qui habitent sur un sol ingrat plus industrieuses, plus actives et plus sobres que celles qui habitent sur un terrain fertile ; c'est elle encore qui, par le moyen du commerce, a fait régner la plus belle harmonie au milieu de ce qui semblait être un désordre, en faisant échanger les choses agréables contre les choses utiles, et les choses indispensables contre les choses superflues ; elle a voulu pour ainsi dire se corriger elle-même pour mieux faire voir la beauté de son ouvrage par les nuances qu'elle a mises dans ses parties, et manifester davantage sa puissance par les rapports intimes qui sont nés de ces mêmes nuances entre des peuples divers.

Les ressources que procure l'opulence donnent aux peuples riches l'amour du luxe et de la magnificence ; les besoins que fait naître l'indigence inspirent aux peuples pauvres le goût de la simplicité et le génie de l'industrie ; de sorte que, les premiers étalant les belles étoffes tissues chez les seconds, il s'en suit que les fruits provenant du sein de la terre sont échangés contre les ouvrages sortant

de la main des hommes : ainsi les seigneurs
de Pologne vendent à l'étranger la plus grande
partie des bleds qui se récoltent dans leur
pays, pour y acheter des meubles somptueux,
des objets d'agrément.

Mais cet échange des denrées de première nécessité contre des objets de luxe est
poussé trop loin dans ce pays, ainsi que dans
d'autres, puisqu'il affame en quelque sorte le
malheureux peuple qui les fait croître ; ce qui
est contre l'ordre des choses. Il importe de
réprimer jusqu'à un certain point l'orgueil
des gens riches, qui pour de pures fantaisies
privent la classe des cultivateurs du fruit de
ses labeurs. Il ne faut jamais que le bien public soit sacrifié à l'intérêt particulier, surtout
lorsqu'il s'agit des premiers besoins de la nature : en vain dirait-on que ce commerce apporte des richesses et des jouissances dans
l'état ; c'est bien plutôt la pauvreté et la souffrance. Quoi ! procurer à quelques hommes
privilégiés toutes sortes d'agrémens lorsque
la plus saine partie du peuple est réduite à
mourir de faim !

Le gouvernement doit prendre les mesures
les plus sévères pour que jamais un état ne
soit privé des denrées qui se récoltent dans son

sein. Exporter chez l'étranger les productions qui sont nécessaires à la vie des citoyens pour se procurer de l'argent, et surtout des somptuosités, c'est réduire le peuple à la famine, c'est le condamner à la souffrance et à la mort : *., le commerce qui enlève d'un état les comestibles pour des superfluités est un commerce inique et pernicieux. (1)

---

(1) Il n'y a pas de doute que c'est un grand vice du gouvernement lorsque la classe des cultivateurs est réduite à périr de faim par l'exportation que les riches propriétaires font chez l'étranger des denrées de première nécessité : on ne peut et on ne doit échanger ses comestibles pour des objets d'agrément que lorsque la terre produit des fruits au-delà de la subsistance de ceux qui la cultivent. Voici de la manière qu'en parle un encyclopédiste :

« On conçoit que le commerce est l'ame de la vie civile ; mais pour le bien connaître il faut en embrasser la nature et les rapports dans toute leur étendue.

« Le commerce consiste en rapports ; et les premiers rapports sont de l'homme avec la terre ; c'est le plus important des commerces.

« Les rapports secondaires s'établissent par la communication et l'échange du superflu des uns contre le superflu des autres, devenu le nécessaire des deux parts. » *Encyclop. méth.*, *Economie*, tom. 1, art. *Commerce*.

A moins de réunir (chose impossible) les différens terrains et les différens climats dans la même contrée, aucun pays ne peut se suffire à lui-même sous tous les rapports de son existence, c'est à dire produire tout ce qui lui est nécessaire ou agréable : de là s'est établie la réciprocité des échanges entre les diverses nations de la terre ; de là le besoin d'un signe représentatif pour faciliter ces échanges. Il est vraisemblable que la monnaie n'a d'abord été inventée que pour servir au commerce extérieur; car dans l'origine de la société les habitans d'un même état pouvaient échanger denrées pour denrées, comme le pratiquent encore certains peuples qui ne connaissent point l'usage de la monnaie, et qui paient des marchandises par d'autres marchandises; mais comme on a reconnu l'importance et la commodité du signe représentatif à l'égard du commerce extérieur, on s'en est servi enfin dans chaque état pour le commerce intérieur : toutefois il paraît, suivant l'ordre des choses, que la nécessité a dû précéder la commodité, et que par conséquent il a fallu instituer la monnaie avant de s'en servir, comme il a fallu s'en servir pour en sentir l'utilité. Or, il est très-probable que les habitans de chaque état, après avoir créé, comme nous venons de l'observer, la monnaie pour l'usage du commerce extérieur, s'en soient servis de suite intérieurement, c'est à dire les uns à l'égard des autres, par l'occasion qu'ils en ont eue à raison de leurs relations civiles.

Outre la difficulté qu'il y aurait de commercer sans avoir des monnaies, à raison de l'éloignement des peuples, le commerce aujourd'hui est encore trop considérable et les besoins trop multipliés pour pouvoir faire l'échange des marchandises qui abondent de toutes parts; (1) cela ne peut convenir

---

(1) La multiplicité des échanges a fait rechercher les moyens de les rendre plus faciles; telle a été l'origine des monnaies, que les peuples ont pris pour un signe représentatif de toutes choses : ç'a été une convention par laquelle ils ont donné à la monnaie la puissance de devenir la valeur ou le prix de toutes les marchandises, et l'accomplissement de tous les contrats, et ils ont choisi pour la faire l'argent et l'or, comme étant d'un usage commode.

« Le plus ancien de tous les contrats, dit *Gravina*, est l'échange; il tenait lieu de vente chez les premiers hommes, et se faisait au moyen d'une marchandise plus commune dans un pays, et plus rare dans un autre, dont un peuple se servait pour tirer d'un autre

qu'à des peuples sauvages qui aient peu de
moyens et peu de besoins, comme on en
voit dans l'Afrique et dans l'Amérique, et
peut-être encore dans l'Europe et dans l'Asie.
« Les peuples, dit *Montesquieu*, (1) qui
ont peu de marchandises pour le commerce,
comme les sauvages, et les peuples policés
qui n'en ont que deux ou trois espèces, né-
gocient par échange : ainsi, les caravanes
de maures qui vont à Tombouctou, dans
le fond de l'Afrique, troquer du sel contre

---

peuple les marchandises qui lui manquaient. Les premières nations, encore grossières, ignoraient l'usage de
la monnaie ; elles furent donc obligées de marquer une
marchandise pour faire l'échange des autres ; et il ne
faut pas s'étonner si vendre et échanger sont expressions synonymes dans *Homère* et dans d'autres auteurs
anciens.

« Les Romains, qui avaient du bétail plus que de
toute autre chose, le donnaient pour prix de ce qu'ils
achetaient ; et cette quantité de bétail fit en même
tems comprendre leur patrimoine sous le nom de
pécule. Dans la suite ils se servirent pour faire leur
échange du cuivre brut, qu'ils donnaient au poids,
jusqu'à ce qu'enfin ils apprirent des Grecs à battre
monnaie, et à mettre dans un signe l'estime. » *Esprit
des Lois rom.*, tom. 1, pag. 51 et 53.

(1) Esprit des lois, liv. 22, ch. 1er.

de l'or, n'ont pas besoin de monnaie ; le maure met son sel dans un monceau, le nègre sa poudre dans un autre ; s'il n'y a pas assez d'or le maure retranche de son sel, ou le nègre ajoute de son or, jusqu'à ce que les parties conviennent.

« Mais lorsqu'un peuple trafique sur un très-grand nombre de marchandises il faut nécessairement une monnaie, parce qu'un métal facile à transporter épargne bien des frais que l'on serait obligé de faire si l'on procédait toujours par échange.

« Toutes les nations ayant des besoins réciproques, il arrive souvent que l'une veut avoir un très-grand nombre de marchandises de l'autre, et celle-ci très-peu des siennes, tandis qu'à l'égard d'une autre nation elle est dans un cas contraire : mais lorsque les nations ont une monnaie, et qu'elles procèdent par vente et par achat, celles qui prennent plus de marchandises se soldent, ou paient l'excédent avec de l'argent ; et il y a cette différence que dans le cas de l'achat le commerce se fait à proportion des besoins de la nation qui demande le plus, et que dans l'échange le commerce se fait seulement dans l'étendue des besoins de la nation qui de-

mande le moins; sans quoi cette dernière serait dans l'impossibilité de solder son compte.»

Sans l'argent monnoyé il y aurait très-peu
de commerce, et sans le commerce les trois
quarts des habitans de la terre seraient privés
des commodités de la vie, et peut-être encore
des articles de première nécessité; car il est
bien des choses qu'on ne croit pas utiles, et
qui pourtant le deviennent à cause de la fragilité de la vie humaine.

Le commerce civilise les peuples et multiplie
les moyens de subsistance ainsi que les objets
d'agrément, en excitant partout l'industrie
des hommes; c'est lui qui tous les jours
produit de nouvelles découvertes pour se
rendre plus facile et plus abondant; c'est encore lui qui a uni les quatre parties du monde,
et a fait jaillir de toutes parts les sources de
la vie. Lorsque les hommes se trouvaient sans
commerce et sans arts ils étaient dans la
cruelle alternative de sortir de leurs retraites
pour vivre de pillage comme les Curdes en
Asie, ou de bétail comme les Lapons en Europe, ou de la chasse comme les Hottentots
en Afrique, ou de la pêche comme les Gas-
pésiens en Amérique.

Par le commerce l'homme a traversé les

mers, franchi les montagnes, assujetti les rivières, construit des canaux, ouvert de grands
chemins, aplani tous les obstacles qui ont pu
empêcher ou retarder ses communications
avec ses semblables d'un bout de l'univers
à l'autre ; c'est à la faveur du commerce qu'il
a inventé la boussole pour le conduire sur
une mer orageuse ou inconnue ; c'est pour
l'intérêt du commerce qu'il a fabriqué l'ancre
et la rame, afin de vaincre l'inconstance,
la mobilité, la résistance des eaux, et garantir ses flottes du naufrage dans les
jours de tempête ; et, pour rendre ses communications encore plus rapides, peu s'en est
fallu que l'homme n'ait trouvé le moyen de
voyager dans les airs, malgré la légèreté de
cet élément.

L'objet principal du commerce est de maintenir la paix en assurant la subsistance des
peuples ; ce n'est que par ce moyen qu'il peut
fleurir, puisque sans la paix le commerce est
détruit, et sans le commerce les peuples mour-
raient de faim : mais malheureusement la
guerre, ou plutôt l'ambition qui la fait naître,
est venue désorganiser le plan de l'institution
commerciale ; et lorsque le commerce devrait
resserrer les liens qui unissent les nations, il

devient au contraire un sujet de jalousie et de rivalité parmi les états qui veulent le faire exclusivement, c'est à dire les uns sans les autres.

Il ne faut pas confondre l'objet du commerce avec l'objet du commerçant; quoiqu'ils dépendent l'un de l'autre, il y a entr'eux la même différence qu'entre la cause et l'effet : le commerçant, qui est l'ouvrier du négoce, a pour objet particulier de s'enrichir par le gain, et pour objet général de procurer à ses concitoyens les choses utiles et agréables ; voilà les deux ressorts qui le font agir, l'un personnel, et l'autre national. Le commerce, qui est l'œuvre du négociant, a pour objet de pourvoir aux besoins de tous les hommes, et d'établir la paix parmi tous les peuples, en procurant du profit à celui qui l'exerce; voilà son but universel. Sous ce rapport l'objet de l'un s'identifie avec l'objet de l'autre, puisqu'on trouve dans leur union l'artisan et le métier.

Il faut distinguer deux espèces de commerces, celui qui se fait au-dedans du pays, lequel a un rapport particulier avec ses habitans, par le flux et le reflux de leurs diverses denrées ; et celui qui se fait au-dehors, lequel a un rapport spécial avec les peuples de l'univers, par le flux et le reflux de leurs différentes marchandises.

Le commerce, soit au-dedans, soit au-dehors, peut se faire par terre ou par mer : le premier emploie les bêtes de somme, les charrettes, les voitures, et il se trouve plus resserré, plus difficile et moins lucratif : le second, au contraire, est plus important, plus riche et plus commode; il met à la voile des navires richement chargés, qui vont dans les pays les plus éloignés pour faire des gains très-considérables; mais aussi il est plus périlleux.

Il y a une troisième espèce de commerce, qui tient pour ainsi dire le milieu entre les deux autres; c'est celui qui se fait sur les rivières navigables : ce commerce est encore très-important; il peut faire circuler, selon qu'il est nécessaire, les denrées et les marchandises du même état dans ses différentes parties, et même les faire passer quelquefois d'un peuple chez un autre.

Chaque gouvernement doit avoir une attention particulière sur le commerce de toutes les denrées de première nécessité; il doit faire en sorte qu'elles circulent librement dans l'intérieur à un prix raisonnable, en empêchant les accaparemens, ces monopoles qui font renchérir les grains, et affament le peuple au sein de l'abondance.

Pour rendre le commerce des comestibles absolument libre, et faire baisser le prix des denrées, il faudrait supprimer les péages, c'est à dire tous les impôts qu'on perçoit sur l'entrée et sur la sortie des marchandises; alors le commerce se ferait pour ainsi dire de lui-même. On pourra objecter que ce serait ôter au fisc un revenu considérable : mais on pourrait suppléer au produit du péage en taxant le marchand en raison de son magasin, le négociant à proportion de son négoce, et personne n'aurait à souffrir de cette suppression, par la raison que c'est toujours le consommateur qui paie l'impôt. (1)

« En cherchant dans le commerce l'avantage des débouchés, dit un encyclopédiste, (2)

(1) C'est plus souvent par de fausses vues politiques que par de vrais intérêts commerciaux que les puissances ont assujetti à de gros droits l'entrée et la sortie des marchandises : aussi en est-il toujours résulté pour elles des pertes considérables par le tort qu'elles ont fait éprouver à leur commerce.

(2) *Encyclop. méthod., Economie*, tom. 1, art. *Commerce.*

on trouve en même tems l'avantage des propriétés foncières; dans celles-ci l'avantage de la culture, et dans la culture l'avantage des subsistances, l'accroissement de la population et des forces d'un empire.» Laisser passer librement, voilà la clef du commerce.

Il n'y a pas de doute que tout ce qui peut favoriser la liberté du commerce donne un prix aux productions de la terre, et augmente la force et la richesse des nations : or, qu'est-ce que la richesse des nations; sinon l'excédent du nécessaire qui circule librement dans le monde par l'échange de leurs différentes marchandises? Il suit de ce principe que chaque peuple a besoin des autres peuples; car point de revenu, point de finance ni de crédit pour un état s'il ne vend ses denrées superflues.

Il est des puissances qui, oubliant les avantages qui résultent du commerce des nations entr'elles, veulent l'interdire aux autres par les armes et les prohibitions; elles croient faire leur avantage exclusif, mais elles se trompent étrangement; car chacune, usant alors de représailles, oppose les mêmes obstacles aux autres, et toutes partagent également les maux qui résultent d'un pareil système. Rappelons-nous sans cesse que ce n'est pas la disette, mais l'abondance de toutes choses qui fait fleurir le commerce, et que la libre circulation des denrées est un moyen infaillible de les multiplier.

Règle générale : comme rien dans le monde n'est plus important que le maintien des relations commerciales, aucun peuple belligérant ne doit troubler le commerce des peuples non belligérans. Il suit de là que les ports doivent être sûrs, et le commerce libre pour les puissances neutres, à moins que ces dernières ne portent à l'ennemi des vivres et des munitions de guerre; car alors elles commettent un acte d'hostilité qui mérite d'être puni.

Pour rendre le commerce encore plus actif il faudrait qu'il fût si bien fondé sur la bonne foi des négocians, qu'il n'y eût jamais ni fraudes ni différends parmi eux, ou que s'il en arrivait les premières fussent punies, et les derniers terminés sur-le-champ. A Livourne on ne visite jamais les marchandises qui y entrent; les officiers du gouvernement ont une attention singulière pour que rien n'y traverse le commerce; rien n'est plus prompt ni mieux réglé que la justice qu'on y rend aux négocians : il faudrait qu'il en fût de même dans tous les pays.

LIVRE CINQUIÈME.

De l'Institution d'une Loi de Paix géné-
rale, considérée dans ses rapports
avec le bien de l'humanité.

CHAPITRE PREMIER.

De l'avantage qui résulteraitde cette Loi de
Paix générale.

La plus importante de toutes les lois serait
celle qui établirait pour toujours la paix parmi
les nations : la diversité des gouvernemens
ne s'opposerait pas à l'institution de cette
loi ; seulement il faudrait qu'elle eût la sanc-
tion de tous les souverains.

Il est dans l'ordre naturel qu'une telle loi
existe, mais il découle de l'état social qu'elle
soit enfreinte. Chaque état, mû par son intérêt particulier, tend à se séparer des autres
états ; chaque famille, dirigée par le même
motif, cherche à se détacher des autres

familles : c'est un amour ardent pour la *patrie* qui divise les peuples ; c'est un amour ardent pour la *maison* qui désunit les citoyens.

Pour l'observation de cette loi pacifique il faudrait que les vues des peuples tendissent chacune au bien général en croyant tendre à leur bien particulier ; et en faisant le bien de tous il arriverait qu'ils feraient réellement le bien de chacun d'eux.

Mais le bien de chacun ne diffère pas du bien de tous, puisque l'un comporte l'autre ; car quand on fond son intérêt particulier dans l'intérêt général on ne fait que multiplier les jouissances. Une chose qu'un seul individu ne pourrait pas faire, plusieurs individus réunis la font facilement. Soit qu'un citoyen, soit qu'un peuple partage ses avantages avec plusieurs autres, en revanche ces derniers partagent avec lui les leurs ; et s'il est vrai qu'il participe moins au même bien, il est vrai aussi qu'il participe à plus de biens : alors chaque membre de la société civile ou politique cherche son propre intérêt dans celui de tous les autres membres. L'envie, la haine, la jalousie, la crainte et la discorde, tous ces fléaux destructeurs de l'humanité disparaissent pour faire place à l'émulation, à

'amitié, à la bienveillance, à la fraternité, à
a concorde. Et que penser d'une société où
chaque membre chercherait son avantage au
préjudice des autres ? Que penser d'un tout
où les parties tendraient à se détruire réciproquement ?

Un peuple n'est jamais moins heureux que
quand il veut le devenir exclusivement, parce
que, le véritable bonheur consistant dans son
union avec les autres peuples, il s'affaiblit en
se séparant d'avec eux : c'est alors qu'il détruit tous les rapports nationaux qui ren-
draient son existence infiniment plus étendue
et plus heureuse, pour devenir l'objet de leur
haine : or, plus il se détache d'eux, plus ils
se détachent de lui; et lorsqu'il jouirait de
leurs avantages, il ne jouit pas même des siens,
par la crainte qu'il a d'être dépouillé. (1)

Si les peuples ne s'aveuglaient pas sur leurs
intérêts ils ne chercheraient pas à se nuire
réciproquement par des usurpations; ils ver-
raient qu'il y a dans le monde toutes sortes de
jouissances pour eux, et ne se traverseraient
plus dans le commerce, qui ne peut fleurir

---

(1) La crainte de tout perdre et le desir de tout avoir
troublent également l'homme dans ses jouissances.

qu'à l'ombre de la paix : mais l'ignorance mutuelle où ils sont de leur but fait que chacun
d'eux se hâte d'y arriver le premier, croyant
que les autres tendent au même pour leurs
avantages particuliers ; et ils se froissent, se
repoussent pour s'en éloigner les uns les autres.
Il en est du commerce des nations comme
d'une foire où il ne règne ni accord ni harmonie, parce que tous les individus s'y heurtent, s'y croisent et s'y embarrassent par la
diversité de leurs intérêts et par l'ignorance
réciproque de leurs vues. (1)

Pour que cette loi de paix générale existât
sur la terre il faudrait que chaque individu
sacrifiât l'amour de soi à l'amour de la patrie,
et l'amour de la patrie à l'amour du genre humain ; alors tous les citoyens et tous les peuples vivraient en paix dans l'état et hors de l'é-

---

(1) Si quelqu'un était capable de bien connaître l'intention de tous les individus qui se trouvent dans une
foire, et de tracer sur la place publique la route que
chacun d'eux doit prendre pour arriver à son but sans
déroger à son intérêt, et sans être embarrassé dans sa
marche, ce quelqu'un-là débrouillerait le chaos de la
société, et détruirait la cause de tous les désordres qui
éclatent çà et là.

l'état, parce qu'ils seraient dans la même disposition les uns à l'égard des autres; d'où il suit
que plus le bonheur particulier serait lié au
bonheur général, plus la somme des biens deviendrait grande.

Comme le bien particulier doit céder au
bien public, l'intérêt de chaque peuple doit
céder à l'intérêt de tous : c'est la loi du droit
civil qui fléchit devant la loi du droit des gens.
Mais qu'importe une pareille loi s'il est des
hommes qui puissent l'interpréter à leur volonté; qu'importe une pareille loi si par un
lâche silence elle arme contre elle la force
qu'elle devrait réprimer; son existence est
alors cent fois plus funeste que son néant :
faite pour exister réellement, elle n'a qu'une
existence factice, ou plutôt elle se laisse usurper en réalité un droit qu'elle usurpe en apparence, et se rend coupable de deux manières; cause occasionnelle d'un vol, et cause
efficiente d'un autre vol : c'est en se taisant
sur les atteintes portées au droit des gens
qu'elle avoue faussement et qu'elle abjure
réellement le droit qu'elle a de les punir.
Dans l'ordre des choses une loi qui n'existe
pas ne peut réprimer le crime, qui dès lors
devient permis; mais une loi qui existe, et qui

ne le réprime pas, a le vice de n'exister que
pour enhardir les méchans.

Le droit des gens ne sera qu'un mot vide
de sens tant qu'il ne reposera pas sur des
principes solides. Pour la sûreté des états la
force a bien établi quelques lois politiques;
mais une force supérieure les a bientôt en-
freintes ou détruites : en un mot, le droit des
gens est un chaos où la force sert souvent de
titre de propriété pour commettre des usurpations : ce n'est pas que ce droit n'ait des
principes aussi certains que le droit civil; il
est également fondé sur le droit naturel, et
n'est qu'une suite de l'indépendance des peuples, qui sont, les uns à l'égard des autres, dans
les mêmes rapports que les simples particuliers réunis en société.

La loi naturelle fait à l'homme une défense
rigoureuse d'attaquer injustement son semblable, comme elle lui fait un commandement
sévère de repousser avec force l'injuste agresseur; et toutes les fois qu'il viole cette loi il
se rend coupable d'attentat contre l'humanité.
Or, le droit des gens, qui n'est autre chose que
le développement du droit naturel, en tant
qu'il s'applique aux peuples civilisés, est tellement gravé dans le cœur humain, que les na-

tions en font toujours une juste application à la conduite des gouvernemens. C'est cette loi de la nature qui révèle aux hommes comme aux peuples qu'ils ne peuvent communiquer avantageusement avec leurs semblables que par la concorde et la justice ; que s'ils veulent que leurs voisins respectent leurs champs et leurs territoires il faut qu'ils respectent les leurs.

Les peuples ont entr'eux les mêmes rapports que les citoyens ; ils se gouverneraient toujours selon les règles de la justice, parce que la justice est une vertu morale qu'ils doivent pratiquer les uns envers les autres : mais les souverains violent souvent le droit de la nature et le droit des gens, en détruisant à la fois les relations des peuples et les relations des hommes; ils agissent avec leurs semblables comme ils agiraient avec des êtres d'une espèce différente ; ils leur font la guerre sans autre droit que celui de la force.

Au reste, l'infraction de la loi naturelle n'est pas aussi grande ni aussi manifeste dans le droit civil que dans le droit des gens, c'est à dire à l'égard des citoyens qu'à l'égard des nations : un particulier peut usurper secrètement par la ruse la propriété d'un autre; mais il ne peut pas lui faire renier sa mère pour devenir son légitime successeur : tout au contraire; un peuple après s'être emparé ouvertement par la force du territoire d'un autre peuple l'oblige à devenir bâtard de sa patrie pour se mettre à sa place. On peut dire encore que l'infraction de la loi naturelle est plus forte à l'égard des nations qu'à l'égard des particuliers, parce qu'elle produit plus de meurtres et de brigandages.

La guerre dérive plutôt des rapports politiques que des rapports humains : ce n'est pas tant à cause des hommes qui vivent dans un état particulier qu'à cause des choses qui sont dans cet état sous la possession de ses habitans que la guerre a lieu entre les différens peuples : pour avoir beaucoup de ces choses qu'on appelle des richesses et des honneurs les princes font la guerre à leurs voisins; mais les peuples n'entreprendraient jamais d'eux-mêmes aucune hostilité s'ils n'y étaient entraînés par les souverains; preuve évidente que la guerre ne vient point de la part des peuples, mais de la part des gouvernemens. Tout le monde sait qu'il n'est pas dans la nature de la démocratie de conquérir; et s'il arrive quelquefois que ce gouvernement forme des plans de conquête, c'est qu'il se trouve altéré dans son essence; c'est qu'il n'est pas véritablement populaire, mais aristocratique, parce que l'autorité souveraine repose entre les mains de quelques grands qui, comme de petits rois, veulent aussi acquérir de la gloire. Il est vrai que la pure démocratie, s'il en exista jamais, est plus sujette aux dissentions civiles; ce qui peut la faire aller de pair avec la monarchie, qui a en vue la guerre et l'agrandissement : mais si ce vice de l'état monarchique disparaissait pour faire place à l'amour du genre humain, dès lors les peuples jouiraient en paix de tous les avantages qui peuvent naître du meilleur des gouvernemens.

Les princes ne veulent donc régner que sur des ruines ! Prétendent-ils se fortifier en faisant la guerre à leurs voisins? Au contraire; ils s'affaiblissent; ils sacrifient des hommes pour gagner ou pour perdre du terrain; ce qui met chaque état dans l'alternative ou de n'avoir pas assez d'étendue pour nourrir ses habitans, ou de n'avoir pas assez d'habitans pour cultiver son sol : s'il est trop étroit il sera dans le cas de faire la guerre à ses voisins. pour subsister; s'il est trop vaste il sera dans

le cas d'être envahi. Un prince qui sera entêté
de faire la guerre non-seulement ne pourra
conserver ses conquêtes, mais il perdra encore ses propres domaines. Si les rois considé-
raient que l'empire le plus fort est celui dont
l'étendue se trouve dans une exacte proporti-
tion avec le nombre de ses habitans, ils re-
nonceraient bien aux vains projets d'agrandissement : (1) que leur sert de régner dans de
vastes solitudes, sur des terres incultes, et au
milieu des décombres ?

Il faut conclure de là que rien ne serait
plus important pour les nations et les souverains que l'établissement d'une loi de paix générale.

---

(1) Je crois que les états de l'Europe se trouvent
maintenant dans le juste rapport du nombre de leurs
habitans avec l'étendue de leur territoire, puisqu'ils
subsistent tous avec assez de splendeur ; et il n'y aurait
plus qu'à diminuer le nombre trop considérable de
leurs troupes pour les rendre plus paisibles, plus flo-
rissans et plus heureux.

~~~~~~

CHAPITRE II.

Du principe de la Loi de Paix générale.

Si nous cherchons le principe de cette loi nous le trouvons dans la nature : l'homme a d'abord puisé son existence dans la plus douce et la plus paisible des sociétés, c'est à dire dans l'union intime des deux sexes; ensuite, soit pour conserver cette existence, soit pour accroître son bonheur et sa tranquillité, il a passé dans une seconde société d'homme à homme, appelée *civile ;* et enfin, pour étendre encore cette existence, et augmenter davantage son bonheur et sa tranquillité, il a passé dans une troisième société de peuple à peuple, appelée *politique.* Cette dernière société, qui est universelle, renferme deux civilisations, l'une des hommes, et l'autre des peuples; elle sert à réunir tous les habitans de la terre, que la société civile a départis en différens états pour le bien commun.

L'homme s'est donc uni avec son sem-

blable pour vivre en paix, et assurer son
bonheur sous la protection des lois; car il
n'est pas possible qu'il se soit associé pour
vivre en guerre, puisqu'il ne la peut faire
que par le moyen de la désunion : ce serait
un acte contradictoire, et même négatif,
qu'on ne peut attribuer à la volonté primitive de l'homme : mais le but de la société
a été perverti à mesure qu'on a voulu s'approprier le bien d'autrui en particularisant
des avantages qui devaient être communs et
réciproques; car qu'est-ce que la société,
sinon la réunion de tous ses membres en
un seul corps pour former une masse commune de tous les intérêts particuliers?

Ainsi, quand un citoyen retranche quelque chose de son individu en faveur du corps
social dont il est membre, pour lors chaque
décroissement de ses facultés particulières
est un gage d'accroissement pour son existence publique; car un vrai citoyen ne vit
plus que dans le tout auquel il est incorporé,
en sorte qu'il jouit plus amplement de ce
qu'il donne à sa patrie que de ce qu'il se
réserve. De même quand le philantrope sacrifie l'égoïsme au patriotisme, et le patriotisme à l'humanité entière, ses sacrifices sont

pour lui des sujets de jouissances qui naissent de ses rapports internes et externes avec tous ses semblables. (1)

Si chaque citoyen rapportait tout à lui seul, alors la société deviendrait comme une arène de gladiateurs qui se poursuivraient les armes à la main pour s'exterminer. Il est pourtant des auteurs qui ont prêché aux hommes le plus cruel égoïsme en leur proclamant que chacun ne vit que pour soi, et que l'on peut par conséquent faire son bonheur aux dépens d'autrui : cette doctrine, non moins séduisante que funeste, a eu de nombreux prosélytes, parce qu'elle a flatté, ou plutôt irrité les passions humaines; et si l'on voit régner aujourd'hui tant d'indifférence et tant d'aversion entre les hommes et entre les peuples, c'est que la plupart la mettent en pratique : or, cet affreux système une fois admis, les membres des sociétés n'ont plus d'autres rapports que

(1) C'est à l'état social que les hommes doivent leur bien-être; ils y trouvent la sûreté de leur personne, la garantie de leurs propriétés, l'emploi de leur industrie, la communication de leurs secours : c'est sous la protection du gouvernement qu'ils vivent à l'abri de l'invasion du plus fort et des attentats du méchant.

ceux d'une mutuelle destruction; c'est pour eux un état d'isolement et de mort.

Mais on aura beau dire que dans la société l'homme est fait pour être l'ennemi de l'homme; tout le porte à vivre uni avec ses semblables; tout prouve qu'il a des relations si intimes avec eux, qu'il doit résulter de leur paisible communication toutes sortes d'avantages par le développement de leurs facultés intellectuelles.

Rien ne prouve mieux que l'homme s'est réuni pour vivre en paix que la société conjugale; car il ne peut communiquer avec la femme qu'il ne règne entr'eux une parfaite harmonie. Il semble que le mouvement et la vivacité qui lui sont naturels indiquent qu'il est né pour la guerre; mais la perte de la vie dans les combats, et le repos dont il a besoin dans les fatigues sont des preuves bien plus fortes qu'il est fait pour la paix, puisqu'il ne peut recevoir et conserver l'existence que par elle. Oui, la vie de l'homme démontre qu'il doit vivre paisiblement, puisqu'il est sujet à la perdre: la mort prouve encore qu'il a besoin de vivre paisiblement, puisqu'il est susceptible de la recevoir : enfin ce qui prouve évidemment que l'homme est fait pour vivre en paix, c'est qu'il ne peut jouir que par elle des fruits de la victoire, et que dans le tems même qu'il fait la guerre il desire la paix pour le rétablissement de laquelle il se bat.

Toutefois, à cause de cette fragilité qui se trouve également chez tous les hommes, nul d'entr'eux ne pourrait être assuré de sa conservation s'il ne vivait que sous la protection de sa force individuelle, quelque grande qu'elle fût; c'est pourquoi la droite raison nous conseille de vivre paisiblement avec nos semblables, et de ne nous porter à la guerre que lorsque nous ne pouvons pas avoir la paix.

Si la nature avait voulu que les hommes se fissent la guerre elle ne les aurait pas créés égaux : mais cette égalité n'existe en-tr'eux que dans le moment qu'ils viennent au monde; car elle disparaît bientôt par le développement de leurs facultés physiques et morales; et, soit qu'on considère les hommes sous le rapport de l'égalité de naissance, soit qu'on les considère sous le rapport de l'inéga-lité de développement, il est toujours vrai qu'ils doivent vivre paisiblement.

La paix procure à l'homme les plus grandes jouissances qu'il soit possible de posséder sur la terre : or, plus grandes sont nos jouissances, plus nous sommes heureux. La paix est donc le meilleur état où nous puissions nous trouver; c'est la situation qui nous convient le mieux, puisqu'il n'est pas naturel de n'être pas bien avec soi-même, et que nous ne sommes point nés pour être les ennemis les uns des autres. (1)

En nous reportant à l'origine de notre être nous voyons que la nature nous découvre que les hommes sont frères par l'uniformité de la génération; partout c'est la femme qui enfante des œuvres du mari au terme marqué : ainsi tous les hommes ne sont que comme un seul homme, c'est à dire l'effet unique d'une action constamment uniforme, et doivent par conséquent demeurer unis et paisibles. Or, si l'union la plus par-

---

(1) Si l'Auteur de toutes choses nous avait fait naître pour la guerre il nous aurait donné un empire sur lui-même par la destruction de son ouvrage; mais il s'en faut bien qu'il nous ait donné cet empire; et c'est pour notre propre mérite qu'il nous a laissé la liberté de faire le bien ou le mal.

faite régnait dans la société, l'offense d'un seul de ses membres deviendrait celle de tous, et la vengeance publique éclaterait sur les délits particuliers pour la commune sûreté, (1) s'il était vrai toutefois qu'on pût commettre des délits dans un état de cette espèce.

L'Auteur de la nature n'a établi aucune différence particulière entre les hommes, afin qu'ils n'eussent aucun sujet de se battre; mais les passions qui se sont réveillées dans le sein de la société, au milieu des jouissances qu'elle leur a prodiguées, les ont rendus jaloux et ennemis; de sorte que ce sont les différences civiles et politiques, ces différences accidentelles qui les ont armés les uns contre les autres : et en effet, comme l'inégalité des biens s'est établie parmi les membres de la société, elle a jeté dans leur cœur des semences de jalousie et de cupidité qui ont fait naître la guerre.

Il est certain que les hommes sont égaux dans l'ordre naturel, puisqu'ils n'ont tous qu'une même voie pour entrer dans la vie

---

(1) C'est précisément ce que tâchent de faire les lois.

et pour en sortir. Si un enfant naissait armé
de pied en cap, cet être serait sûrement
privilégié de la nature, et sa vocation spé-
ciale serait pour la guerre, parce qu'il
aurait les attributs de cet art; mais un
pareil phénomène, ou pour mieux dire
une telle absurdité doit être reléguée parmi
les choses fabuleuses. Il est pourtant vrai que
la classe des hommes en fournit de plus
adroits comme de plus forts les uns que les
autres; ce qui donne lieu à tous les troubles
que nous voyons éclater dans la société.
Chaque citoyen, y devenant un objet de comparaison, veut surpasser son égal naturel; et
l'orgueil, qui cherche à se faire remarquer,
introduit les parures et les préférences. Dans
cet effort de vaine ostentation, qui est la
cause de toutes nos calamités, l'homme est
toujours au-dessous de ses desirs, et veut
empiéter sur la propriété d'autrui : voilà
comme la guerre s'établit parmi les hommes
malgré cette égalité de droit qui dérive du
pacte social.

Par une dépravation de l'espèce humaine
cette ressemblance physique, qui devrait entretenir parmi nous l'union et la concorde,
est précisément ce qui allume nos divisions

et nos discordes, à cause des jalousies qui en résultent ; de manière que ce qui aurait dû être pour l'homme un motif d'amitié et de conservation est devenu un sujet de haine et de destruction.

Si le Créateur avait donné à chaque humain des desirs toujours différens de ceux de ses semblables, avec l'intime conviction de cette différence, les jalousies et les guerres auraient disparu, parce qu'il n'y aurait plus eu parmi eux aucune fatale concurrence ; autrement, s'il leur avait inspiré les mêmes penchans, avec l'envie de les satisfaire mutuellement, leurs rivalités se seraient encore éteintes, parce que leurs desseins auraient dû s'exécuter en commun. Dans la première hypothèse il aurait fallu une variété de choses étonnantes, et dans la seconde il aurait fallu une similitude prodigieuse, ou plutôt une coexistence générale.

Point de doute que, si l'Auteur de la nature avait particularisé tous les desirs, et diversifié la beauté aux yeux de chacun de nous par un goût différent, la paix la plus parfaite aurait pu régner sur la terre ; car les guerres viennent ordinairement de notre convoitise pour les mêmes objets, laquelle

nous porte à nous offenser et à nous nuire
réciproquement, parce que, ne pouvant pas
les posséder en commun, ni ne voulant pas
les partager entre nous, c'est le sort du
combat qui doit en donner la jouissance.

Comme nous avons tous les mêmes organes et les mêmes perceptions, une chose
véritablement belle nous le paraît à tous;
mais néanmoins il arrive quelquefois que
deux connaisseurs sont d'un avis contraire
sur la beauté de deux tableaux : il faudrait
donc pour la paix du genre humain que
Dieu eût diversifié ainsi les opinions humaines à l'égard de tous les objets. Mais je
profère ici un blasphême : ah ! gardons-nous
de censurer les œuvres du Créateur, qui a
tout ordonné pour le mieux dans l'ordre
des choses possibles et nécessaires.

Tant que les hommes ont resté épars sur
la terre ils ont eu moins de sujets et d'occasions de se nuire; mais lorsqu'ils ont été
réunis en société chacun d'eux, sentant
mieux ses propres forces que celles des
autres, a voulu s'approprier exclusivement
tous les avantages dépendans de cet état:
de là sont venus tous les désordres et tous
les malheurs qui affligent le genre humain :

la passion de l'amour a fait naître les duels parmi les citoyens; la passion de l'orgueil a fait naître les guerres parmi les potentats: c'est la réunion des hommes qui a enfanté les guerres intestines, qu'on peut appeler autrement les *désastres civils;* c'est la séparation des peuples qui a produit les guerres étrangères, qu'on peut appeler autrement les *désastres politiques.*

Si donc la paix a été notre état primitif, la loi qui doit servir à l'établir, ou plutôt à la prolonger, est un rapport de concordance qui se trouve entre les hommes dès leur naissance; c'est une extension forcée du même principe au milieu des passions, qui serait spontanée sans elles. L'homme devrait rester paisible sans y être contraint par aucune loi, puisque la paix est son état naturel; il devrait même en mieux sentir les doux effets dans la société: mais un être qui se passionne de mille manières à mesure que ses organes se développent ne saurait demeurer librement en paix avec ses semblables au milieu de tous les objets qui l'environnent. Tant qu'il est dans l'enfance l'homme se trouve invinciblement lié à la paix, attendu qu'il n'a pas encore l'usage de ses sens; c'est un être végétant comme une plante, incapable d'action comme une pierre, ayant besoin de mille secours étrangers : la guerre suppose des passions dans celui qui la fait, et l'enfant n'en a point encore; la guerre exige de l'activité, et il est dans l'impuissance d'agir; la guerre demande des qualités spirituelles et corporelles, et il est sans connaissance et sans force : enfin un tel être est alors passif comme la paix. Mais quand il est parvenu dans l'âge viril les passions s'allument alors dans son cœur; son penchant favori est l'agitation. La paix suppose un amour de l'ordre que très-souvent il n'a pas; la paix exige une tranquillité d'esprit, une modération, une droiture et un bon sens qui lui manquent ordinairement : enfin un tel être est alors actif et remuant comme la guerre.

Oui, la paix est un défaut d'action qui convient parfaitement à l'enfance de l'homme, parce qu'elle est passive. La virilité, qui flotte dans une mer de passions, contraste avec la paix, et s'accorde parfaitement avec la guerre, parce qu'elle est active. Or, comme les hommes en avançant en âge deviennent jaloux, ennemis et turbulens, il faut les retenir par

des freins puissans dans le même état de paix
où ils étaient vers le moment de leur origine.

La paix la plus solide qu'il soit possible
d'établir est celle qui dérive des rapports
immédiats de tous les êtres de la même espèce pour produire conjointement un acte
d'utilité commune : ainsi, chaque peuple doit
vivre en paix avec les autres peuples pour
entretenir avec eux ses relations amicales.
L'homme doit vivre en paix avec la femme
pour se reproduire; l'animal mâle doit vivre en paix avec sa femelle pour conserver son espèce ; mais il y vit mieux que
l'homme, qui, par des desirs toujours nouveaux, par des fantaisies toujours renais-
santes, a mille besoins factices à contenter,
tandis que l'animal, par le seul instinct, n'a
à remplir que les besoins de la nature :
l'un n'a que les passions du corps, qui ne
se font sentir que dans les besoins absolus
de son être; l'autre a les passions du corps
et les passions de l'esprit, qui créent mille
besoins chimériques et pernicieux. (1)

---

(1) Dans tout ce qui appartient aux sens les animaux
sont supérieurs à l'homme; ils broutent l'herbe qui

croît sous leurs pas sans avoir besoin de cultiver la terre; ils boivent l'eau qui coule dans les ruisseaux sans avoir besoin de creuser des fontaines; ils naissent vêtus pour tout le tems qu'ils vivent; ils ne vont point dans des climats étrangers ravir la nourriture de leurs semblables; ils ne portent point la guerre sur des terres éloignées pour en enlever les productions; leurs biens sont indépendans du caprice de la fortune, parce que chacun d'eux se contente de la portion de vivres qui lui est nécessaire; leurs plaisirs sont purs et sans amertume; leurs jouissances sont douces et sans alarmes; leurs besoins sont simples et stricts; le doute, la crainte, le désespoir, les regrets, le remords ne les tourmentent jamais; leurs maux sont bornés à la douleur présente; une prévoyance funeste ne les effraie pas; ils meurent sans connaître la mort.

Mais dans tout ce qui appartient à l'esprit nous sommes infiniment au-dessus des animaux. Opposons la raison à l'instinct : l'une, toujours perfectible, peut faire des progrès infinis; l'autre, extrêmement borné, a bientôt reçu son entier développement : la première, dans la grandeur de ses vues, calcule dans l'avenir; le second, dans le cercle étroit des siennes, ne va pas au-delà du présent : l'homme, quand il vivrait éternellement, ferait toujours de nouvelles découvertes; rien n'échappe à ses regards, tout s'aplanit sous ses pieds; il force une terre stérile à lui donner des productions, mesure la hauteur du firmament, prédit les révolutions des astres, calcule la marche du soleil, arrache à la nature ses secrets. Mais l'animal atteint en peu de tems le terme de perfection assigné à son espèce; le plus in-

dustrieux est aujourd'hui ce qu'il serait dans dix siècles ;
la vie la plus longue n'ajouterait rien à ses connaissances
purement machinales ; il ne répéterait jamais que les
mêmes choses ; et c'est parce que les bêtes n'ont pas
notre perfectibilité que la Nature a simplifié leurs besoins pour suppléer à leur défaut d'industrie ; c'est aussi
afin qu'elles ne deviennent pas nos rivales qu'elle
leur a assigné une nourriture particulière. (Cette note
est imitée d'une des *Nuits* d'*Young.*)

CHAPITRE III.

Des divers Rapports de la Loi de Paix générale.

SOIT que l'on considère cette loi de paix générale dans son rapport avec la société civile, soit qu'on la considère dans son rapport avec la société politique, elle est toujours également utile aux citoyens et aux peuples.

Comme il existe dans le monde différens peuples qui ont des relations plus ou moins étroites selon qu'ils se trouvent plus ou moins voisins, l'idée de conservation est dans chacun d'eux attachée à celle de son existence politique : or, la paix est le vrai moyen de la leur conserver.

Tous les peuples sont dans le cas d'être attaqués ; ils ont chacun des endroits faibles par où ils peuvent donner prise sur eux ; et par la réciprocité des maux qu'ils peuvent se faire la loi de paix générale se rapporte à leur commune conservation. En effet, les états sont des corps politiques qui ont des moyens et des besoins, et les rapports qui en découlent pour chacun d'eux ne sont point différens ; parmi les uns et parmi les autres ce sont les rapports d'une utilité commune, d'une assistance réciproque ; rapports qui disparaissent par le choc de ces mêmes corps. La guerre détruit presque tous les moyens, et crée une infinité de besoins : la paix anéantit presque tous les besoins, et crée une infinité de moyens. Tels sont les effets contraires qu'on a vus dans tous les tems.

Si nous comparons *Alexandre* à *Titus*, nous voyons que l'un chercha la gloire dans les combats; que l'autre cultiva la vertu dans la paix. Rome se glorifiait d'avoir pour empereur un homme qui sacrifiait sa renommée au bonheur de son peuple, et fécondait dans son sein ses propres richesses; la Macédoine s'alarmait d'avoir un roi qui sacrifiait tout à son ambition, et voulait s'enrichir de dépouilles étrangères : l'amour-propre avait plus de part dans les exploits belliqueux du premier ; et dans les actions pacifiques du second, c'était plus l'amour de son peuple : le règne de l'un fut celui d'un monarque qui fit la guerre pour conquérir ; le règne de l'autre fut celui d'un prince qui fit la guerre pour se défendre. On décidera s'il est moins beau d'être les délices du monde que d'en être la terreur. Si *Alexandre* fut par sa bravoure un héros à la tête de son armée, *Titus* fut par ses vertus un dieu tutélaire au milieu de son empire : *Alexandre* en mourant laissa ses états dans le trouble; *Titus* en mourant laissa son peuple dans la paix. La mort de l'un fut un bonheur public; celle de l'autre fut une calamité générale. Ainsi, la guerre ne procurera jamais d'aussi grands avantages que la paix.

Pour en avoir une preuve certaine il ne faut que considérer les maux qui résultent de la guerre pour le vainqueur même : quoi! a-t-on jamais trouvé dans les plus belles conquêtes rien qui puisse entrer en compensation avec la perte de tant d'hommes? Les hostilités qui éclatent entre les puissances ont-elles jamais procuré des avantages réels aux nations? Tout ce qui existe après la guerre a existé auparavant : eh! combien y avait-t-il de choses qui ne sont plus! Le nombre des moyens s'est diminué; celui des besoins s'est accru par une plus grande consommation, et la Victoire, aux ailes dégoûtantes de sang, a plané sur des monceaux de cadavres, et dans ses fureurs meurtrières elle n'a fait que changer les choses de place, en en transportant plus ou moins d'un empire dans l'autre. Ah ! si tous les souverains vivaient en paix entre eux il n'y aurait plus de ces combats terribles où l'on marche de toutes parts sur des morts et des mourans ; on ne verrait plus de villes embrasées s'ensevelir sous leurs ruines ; on n'entendrait plus le bruit des chaînes destinées aux malheureux captifs, ni les lamentations des femmes éplorées, ni les sanglots des filles au désespoir, ni les sourds gémissemens des vieillards moribonds, ni les cris aigus des enfans au berceau. Certes, quand les rapports humains et les rapports politiques ont disparu dans l'horreur des combats, la sensibilité fait alors place à la cruauté ; l'homme égorge son semblable avec un sang-froid qui fait frémir.

Malgré les avantages d'un règne paisible il y a des tems où il faut qu'un prince soit belliqueux ; c'est lorsque la guerre est allumée parmi ses voisins, et surtout quand on l'attaque injustement. *Rodolphe II,* qui ne fut pas guerrier, vit toute la Hongrie envahie par les Turcs, et sans l'argent qui provint d'une quête publique l'Allemagne était subjuguée par les armes ottomanes. Si le roi de Perse *Scha - Sophi* eût été plus

guerrier et moins abruti par la débauche,
le grand Mogol *Scha - Jean* ne lui aurait
pas enlevé Candahar, ville très - riche dans
les Indes; ni le sultan *Amurath IV* ne lui
aurait pas pris d'assaut Bagdad, ville très-
commerçante sur le bord oriental du Tigre.
Si l'empereur Napoléon n'avait pas porté l'art
militaire à sa plus haute perfection, la France,
au lieu de donner des lois à ses ennemis, aurait peut - être passé sous une domination
étrangère.

La paix est une chose semblable pour chaque
peuple; c'est une satisfaction de lui-même qui
le maintient dans la possession de ses biens et
de ses droits, et le fait communiquer avec les
autres peuples pour leur conservation réciproque. La guerre, au contraire, est pour toutes les
nations un mécontentement d'elles-mêmes,
qui les trouble dans leurs jouissances, et les
fait battre les unes contre les autres pour leur
destruction mutuelle. La première provient
d'une sage émulation qui retient les états dans
leurs dépendances; la seconde naît d'une jalousie cruelle qui les porte à des usurpations
réciproques : tels sont les effets différens qui
découlent de ces deux causes différentes. De
l'émulation naît l'envie de faire du bien à

son semblable ; de la jalousie naît le desir de lui faire du mal. Athènes et Lacédémone nous en fournissent un exemple bien frappant : l'émulation, qui avait créé tant de vertus et tant de biens dans ces deux villes lorsqu'elles étaient amies, se changea en une jalousie qui fut la cause de tous leurs vices et de tous leurs maux quand elles furent rivales.

Il n'y a que deux rapports existans entre les peuples; celui de se faire réciproquement du bien, et celui de se faire réciproquement du mal : le premier, qui fait observer la loi de paix générale, naît d'une affection bénévole qui satisfait toujours l'ame qui la goûte ; et le second, qui fait enfreindre la même loi, naît d'une passion haineuse qui tourmente toujours l'ame qui en est possédée : or, sous l'un et l'autre rapports la réaction correspond toujours à l'action.

La haine, cette source des guerres qui désolent le genre humain, naît toujours de l'opposition des intérêts des hommes et des peuples; elle n'existe pas quand ces divers intérêts s'accordent entr'eux. Cette passion provient de ce qu'il y a trop d'amour-propre dans chacun de nous; car nous haïssons toujours par la crainte que notre intérêt ne soit frustré, ou faute d'assez d'attachement pour nous-mêmes, ou par le trop d'attachement des autres pour eux. D'un côté c'est une indifférence que nous avons pour les autres, et de l'autre côté c'est l'idée où nous sommes que les autres aient pour nous la même indifférence que nous avons pour eux. Chose singulière! nous sommes plus inquiets du bien des autres que nous ne sommes contens du nôtre, parce que nous mesurons moins notre fortune sur nos propres richesses que sur leur pauvreté, étant moins envieux d'en avoir beaucoup que jaloux qu'ils en aient davantage. (1)

L'amitié, cette mère de la paix, est un sentiment personnel qui se compose en nous-mêmes d'un sentiment étranger qui nous fait espérer de la part des autres les mêmes services que nous sommes disposés à leur procu-

_____

(1) L'homme ne paraît jamais plus content de son sort que quand il voit ses semblables au-dessous de lui-même, et néanmoins il n'est jamais plus misérable: se comparant alors avec eux, il prend occasion de s'estimer davantage; et par l'amour-propre qu'il fait éclater il s'attire l'envie et la haine des autres, qui, sentant leur égalité naturelle, cherchent à l'inquiéter.

rer : or, ces deux sentimens ne peuvent pas
être contradictoires; ils sont capables l'un et
l'autre de faire du bien quand ils en ont
chacun la volonté ; c'est la détermination d'un
heureux penchant sur un autre penchant également heureux. On doit toujours l'existence
des choses au plaisir qu'on éprouve pour les
faire naître : les hommes doivent la leur au
plaisir de l'union conjugale; l'amitié doit la
sienne aux avantages qui l'accompagnent;
c'est un acte intéressé qui découle d'une bien-
faisance mutuelle.

Comme dans l'ordre civil et politique le
bien particulier dépend du bien général,
chaque membre de la société, soit d'homme
à homme, soit de peuple à peuple, doit aimer
ses semblables pour s'aimer complètement; sans
quoi il devient indirectement ennemi de lui-
même par la haine qu'il s'attire de la part des autres. C'est une vérité mathématique dans l'ordre
universel que moins on peut faire son bien
particulier, plus on fait le bien général, parce
qu'il se distribue entre un plus grand nombre
d'individus; mais c'est encore une vérité mathématique que plus on fait le bien général,
plus on fait son bien particulier quand l'un
dépend de l'autre, parce qu'il y a alors flux

et reflux de jouissances ; car en quoi peut consister son plus grand bien que dans l'idée
que plus de gens sont intéressés à y coopérer ?
Il faut donc convenir que dans la société l'intérêt général embrasse tous les intérêts particuliers, et que selon cet ordre de choses la division des membres détruit le corps politique.

Lorsque le sentiment de l'humanité identifie l'homme avec ses semblables, et qu'il se
sent pour ainsi dire en eux, c'est pour jouir
soi-même qu'il leur procure des jouissances ;
il s'attache à eux pour l'amour de lui, parce
qu'il doit lui en revenir un plus grand bien-
être ; et son intérêt particulier, dérivant de
l'intérêt général, devient le principal fondement de la société humaine.

Les hommes, naturellement destinés à vivre
en société, se doivent tous les services qu'ils
sont en état de se rendre. L'Auteur de la nature pour les unir plus étroitement les a fait
de manière qu'ils ne peuvent se passer les uns
des autres. Il est donc dans l'ordre naturel et
social qu'ils se secourent mutuellement ; et
s'ils ne le font pas ils trahissent leurs intérêts en trompant leur destination. En effet,
n'est-ce pas le concours de tous les membres
au but du bien public qui constitue la perfec-

tion du corps social? et si chacun d'eux, re-
cherchant trop son intérêt particulier, se détourne du bien commun, il survient alors une
division qui détruit son existence morale, laquelle n'existe qu'autant que tous les associés
dirigent leurs actions vers le bonheur général.

Pour bien sentir la vérité de ce principe
supposons une multitude d'hommes vivant
ensemble sur le même territoire, sans union,
sans dépendance les uns des autres, cherchant
chacun son intérêt particulier à quelque prix
que ce fût, n'ayant d'autre règle de conduite
que celle qui lui serait dictée par l'affreux
égoïsme : un état de cette nature subsisterait-
il ? Point du tout ; ce serait un chaos où
l'homme, continuellement en butte aux coups
de ses semblables, s'efforcerait de les prévenir par des forfaits ; et dans cet état de guerre
de chacun contre tous, la force individuelle
devenant pour ainsi dire nulle, il en résulte-
rait successivement la destruction de tous.

Comme il y a trop d'égoïsme chez les hommes on ne peut répéter assez que le bien particulier doit faire des sacrifices en faveur du
bien public ; car si chaque membre de la société ne s'occupait que de son propre intérêt

la société alors tomberait dans le plus grand désordre ; tout le monde aurait également à se tenir sur ses gardes ; on serait dans une frayeur continuelle ; on traînerait une vie malheureuse et inquiète ; on ne pourrait jouir de ses propres biens, parce qu'il faudrait en prévenir sans cesse l'usurpation.

L'homme de la société n'est riche et heureux qu'autant qu'il se détache de son intérêt particulier : s'il s'appauvrit en apparence de son côté, il s'enrichit réellement du côté de ses semblables ; et lorsqu'il ne jouirait pas même de ses propres biens, il participe à des jouissances étrangères qui rendent sa condition infiniment plus heureuse ; son cœur éprouve alors des délices qu'il ne sentirait pas s'il était concentré en lui-même. Par la raison du contraire, il n'est jamais plus malheureux que quand il veut posséder de trop grandes richesses ; ses desirs croissant par degrés, il se met de plus en plus dans l'impuissance de les satisfaire ; livré à son égoïsme, l'ambition le dévore, et il devient un être malheureux au sein même des richesses qu'il accumule : ainsi, le bonheur individuel devient presque nul s'il est restreint à nous-mêmes ; il n'acquiert de con-

sistance qu'en se communiquant à nos semblables. (1)

Ce serait une chose curieuse de savoir si
dans la société humaine il s'opère plus de biens
que de maux : or, pour parvenir à la solution
de ce problème il faut distinguer les actes
particuliers des actes généraux , et les com-
parer entr'eux. Quand nous considérons ce qui
se passe dans le corps politique nous voyons
d'un côté que l'on fait le bien particulier
de préférence au bien public, tandis que de
l'autre côté on fait le bien public de préférence au bien particulier , de sorte que la
somme des biens est à la somme des maux,
en premier lieu , dans le rapport de chacun

---

(1) Toutes choses égales, plus on a de propriétés,
moins on en jouit, parce qu'on ne peut en avoir que la
jouissance indirecte et successive , soit sous le rapport
de la vue, soit sous celui du produit. Le propriétaire qui
possède plusieurs domaines ne peut les voir tous à la
fois, parce qu'il ne peut se trouver en même tems dans
chacun. D'ailleurs il ne peut faire valoir tous ses
biens par lui - même, il faut qu'il les donne à des
fermiers qui les exploitent pour leur compte moyen-
nant la rente convenue; de sorte qu'il en retire à
proportion un moindre revenu que le propriétaire aisé
qui cultive son propre champ.

à tous, et en second lieu dans le rapport
de tous à chacun; et quoique dans cette concurrence il semble que le bien public doive
l'emporter sur le bien particulier, il arrive
tout le contraire. Pourquoi? parce que chacun met plus d'énergie lorsqu'il agit pour lui-
même que quand il agit pour les autres : or,
comme dans l'état social l'intérêt de chaque
membre devrait céder à l'intérêt du corps entier, parce que le bien particulier y dépend
du bien général, il résulte que la somme des
maux est plus grande que celle des biens par
l'effet contraire.

CHAPITRE IV.

De l'Objet de la Loi de Paix générale.

CETTE loi a pour objet de rendre les hommes paisibles dans la société, comme ils l'étaient avant qu'ils se fussent réunis. Cette loi effectue ce qu'ils s'étaient proposé de faire en s'associant, et ce qu'ils n'ont pu faire à cause des passions; car la société, qui n'est autre chose que la réunion de plusieurs êtres de la même espèce pour l'avantage commun, n'a pas eu d'autre but que l'accord et la paix de ces mêmes êtres, puisque ces deux choses seules peuvent la rendre heureuse.

Avant l'établissement de la société l'état de l'homme n'était pas un état de guerre; son caractère primordial le portait à l'union : on ne peut imaginer que des hommes faibles, timides et dispersés sur le globe, se cherchassent pour se détruire.

Non-seulement les hommes sont portés à la paix par le desir de leur conservation et le sentiment de leur faiblesse, mais encore par la commisération et la joie qu'ils éprouvent à la vue de leurs semblables ; de sorte que le premier devoir que la raison leur dicte est de vivre paisiblement, car elle leur montre qu'ils ne peuvent faire la guerre sans se nuire les uns aux autres.

Ceux qui ont écrit que les hommes étaient naturellement destinés à se haïr et à se battre ont choqué les règles du bon sens ; mais, outre qu'une telle opinion est absurde, elle implique encore contradiction ; car, en supposant (ce qui est évidemment faux) que les hommes naquissent ennemis les uns des autres, la haine raisonnée qu'ils se porteraient réciproquement, loin de les rapprocher pour leur destruction, les éloignerait pour leur conservation. La guerre qui éclate souvent parmi eux ne dément point le principe que nous établissons ; il le justifie au contraire, puisque c'est un état de violence qui prouve seulement qu'ils trompent leur destination en brisant les rapports qu'ils ont entr'eux : il faut conclure de là que nous sommes nés pour vivre en paix.

Qu'est-ce donc que la paix ? C'est un état conforme à la nature humaine, puisqu'il a pour objet principal notre bonheur ; c'est même notre état propre et primitif ; car la guerre n'est qu'un état accidentel qui répugne à la nature, et blesse les principes de la raison et de la morale : or, elle n'a commencé d'avoir lieu parmi les hommes qu'au moment qu'ils se sont rapprochés les uns des autres.

En effet les hommes dans l'état de nature n'avaient pas des raisons pour se battre ; comme ils n'avaient encore aucune dépendance mutuelle, aucune propriété reconnue, ils devaient nécessairement vivre en paix : alors ils n'avaient rien de particulier qui pût leur inspirer de la crainte, ni rien de commun qui pût leur causer de la jalousie ; mais, parvenus dans l'état social, le rapport des choses, telles que la puissance, les richesses, etc., ayant été mal déterminé, a fait naître la guerre parmi les hommes : la guerre ne dérive donc point de leurs rapports personnels, mais de leurs rapports civils et politiques ; car c'est le civisme pour l'homme et le patriotisme pour le citoyen qui ont toujours armé les peuples les uns contre les autres, faute d'avoir bien fixé leurs droits, et d'avoir bien circonscrit leur territoire.

Si donc l'homme était resté sauvage il n'aurait pas été question de porter cette loi, parce que la paix était alors son état na-

turel, et que par sa situation, c'est à dire
par son isolement, il observait tout ce que
prescrit cette loi, qui a pour but de le ra-
mener à la paix pour sa conservation ; mais
sa réunion civile avec les uns, et sa séparation politique d'avec les autres ont donné lieu
à de nombreux débats, à des haines violentes, à des jalousies cruelles, à des divisions, à des guerres ; et il a fallu que des
lois particulières, dans le premier cas, ter-
minassent les différends des citoyens, et que
des lois générales, dans le second cas, sta-
tuassent sur les droits des peuples.

Il faut établir cette loi entre le principe
et la fin de la société, pour qu'en les joi-
gnant elle rende la société toujours pacifique.
L'homme a commencé ses jours dans la paix,
puisqu'il a été sauvage avant d'être civilisé;
et, pour être conséquent, il doit les continuer
et les finir dans la paix ; car si cet être, qui
cherche toujours son plus grand bonheur,
n'avait pas cru vivre paisible en s'associant,
certainement il n'aurait pas quitté la vie
sauvage, qui est un état de paix, pour passer
dans la vie sociale : or, il n'est sorti de la
solitude que pour rendre cette paix plus solide et plus abondante; mais en s'associant il

est devenu jaloux, ambitieux ; ses passions
se sont réveillées; il n'a vu dans ses semblables que des sujets de haine et d'envie; il a
aperçu plus de biens, et il a oublié que ces
biens-là étaient dépendans et communs ; il a
inventé la poudre, trempé l'acier, fabriqué
les fusils, aiguisé les glaives, fondu les canons
pour s'en approprier la plus grande partie.
Erreur étrange ! il aurait dû savoir que quand
les avantages sont mutuels il est égal pour
tous que chacun s'efforce ou non de les avoir,
et que quand le mal doit être réciproque, par
l'adresse que chaque individu a de le faire, il
vaut bien mieux y renoncer.

Oui, l'homme, vivant isolé dans les bois,
pratiquait par un penchant inné la loi de la
nature, qui est celle de la paix; mais, devenu citoyen, il a beaucoup raisonné et
beaucoup discuté sur l'essence de cette loi;
il l'a connue en théorie, et il l'a mécon-
nue en pratique; il a dit ce qu'elle ordonnait de faire, et il ne l'a point fait; elle
est venue dans ses pensées, et elle a disparu
dans ses actions; elle a parlé à son cœur, et
elle n'a pas été écoutée ; en un mot, l'homme
s'est oublié, et en s'oubliant il a transgressé
une loi qui était inhérente à son être, et dont
l'observation était attachée au souvenir de son

être. Le premier devoir qu'elle lui imposait était son salut, parce qu'il est plus intéressé que nul autre à y pourvoir; mais ce salut ne dépendait de la perte d'aucun individu de son espèce; il était au contraire étroitement lié avec celui de tous.

La loi naturelle, que nous appelons *de la paix,* parce qu'elle inspire à chacun le desir de faire du bien à ses semblables, est une loi tacite, née avec l'homme, qui la suit plutôt par instinct que par raison; car la raison est une faculté intellectuelle de l'ame qui nous abandonne souvent dans les momens difficiles : l'instinct, au contraire, qui est ce premier mouvement que la nature donne à tous les êtres animés, nous éloigne du mal en nous dirigeant.

Cette loi naturelle ou pacifique subsiste tant que l'homme vit séparé de ses semblables; alors il n'est mû que par les sentimens de la nature, c'est à dire par les besoins de son être; il se conserve, parce qu'il est attaché à son existence; il est en sûreté, parce qu'il est seul; il se trouve libre, parce qu'il ne dépend de personne; ils n'abuse point de ses sens, parce que rien d'étranger ne les excite; il n'a pas de propriétés désignées, parce que tout lui appartient; il ne jouit pas de certains droits, parce qu'il n'en connaît d'autres que les siens; il ne déroge à aucune loi, parce qu'il n'a que celles qu'il observe nécessairement. Parvenu enfin dans la société, il s'est forgé des besoins chimériques; il a eu plus de devoirs à remplir, plus de fantaisies à contenter, plus de relations à entretenir : en proie à la fureur, en butte à la calomnie, il a vécu dans les alarmes et les jalousies; (1) il est devenu l'es-

---

(1) Il n'est pas de personnes plus malheureuses que celles qui sont tourmentées de la jalousie. L'homme jaloux est toujours dupe de sa passion; il s'inquiète au sein de ses jouissances même, et par le desir qu'il a de vouloir trop posséder un objet quelconque il s'en prive totalement; la crainte immodérée qu'il a de le perdre fait qu'il n'en jouit pas ; c'est l'égoïsme au suprême degré : c'est ainsi qu'un époux abandonne quelquefois son épouse, parce qu'il croit mal à propos que quelque autre partage ses caresses. Telle est donc la bizarrerie de l'être jaloux qui fait consister son bonheur dans un objet qu'il n'a pas, mais qu'il convoite, et son malheur dans un objet qu'il a, mais qu'il déteste; et en plaçant son désespoir dans un objet charmant qu'il possède, et son espérance dans ce même objet qu'il croit ne pas posséder, il résulte qu'il ne sait pas jouir de ses propriétés même.

En général la jalousie se mesure toujours au degré

clave de ceux qui ont été plus rusés ou plus
forts que lui ; ses passions l'ont égaré ; il a
conçu des desirs insatiables ; il a formé des
projets extraordinaires ; il a envié les propriétés d'autrui ; il a craint pour les siennes ;
il a fait du mal à ses semblables, et il en a reçu
de leur part ; il a violé exactement la loi de
la nature , dont il n'a plus voulu reconnaître
l'empire.

Après s'être réuni en société l'homme, ne pouvant plus se conduire par les seules lumières
de la raison, a institué des lois civiles et politiques qu'il a tirées de la loi naturelle , à laquelle il s'est conformé autant qu'il a pu ; car
ses rapports avec ses semblables étant devenus

---

de propriété : nous sommes plus jaloux d'une chose qui
nous appartient en totalité, par la crainte que nous avons
qu'on ne nous l'enlève injustement ; et nous le sommes
moins d'une chose qui ne nous appartient qu'en partie,
parce qu'on ne peut pas nous la ravir entièrement, et
nous causer une perte aussi considérable ; enfin, nous
ne nous soucions guère d'une chose qui n'est pas à
nous, parce qu'alors nous ne craignons pas qu'on nous
en dépouille, attendu que nous nous en dépouillons
nous-mêmes volontairement ; mais quand une chose
nous appartient entièrement nous nous faisons un
scrupule de n'y rien ajouter d'étranger.

alors plus nombreux, il a été obligé d'étendre davantage cette loi pour remplir tous les objets de son nouvel état : or, il ne serait pas plus possible que dans une réunion où il existe tant de biens et tant de richesses l'homme observât volontairement la loi naturelle avec rigueur, qu'il ne le serait que les passions s'endormissent en les excitant de mille manières.

Ainsi, la loi naturelle que l'homme observait nécessairement dans l'état sauvage est devenue civile, c'est à dire mutuelle dans l'état social; car la même loi qui nous ordonne de pourvoir à notre conservation nous dit que nous ne la pouvons trouver que dans celle des autres. Il y a dans la société des hommes qui, ne sentant pas l'importance de la réunion, se séparent de leurs semblables, et vivent comme dans la solitude : ils croient suivre ainsi la loi naturelle; mais ils ne font pas attention que dans l'état social le bien de chacun doit s'y faire généralement, parce que la loi naturelle, étant commune à tous les hommes, doit se confondre pour ainsi dire avec la loi civile et politique. Cela est si vrai que les plus grands législateurs de l'antiquité se sont fait gloire de rapprocher la société de la nature ; ils ont toujours conservé dans leurs institutions le caractère primitif de l'homme ; ils n'ont jamais effacé les traits de candeur, d'innocence et de simplicité qui brillent sur son visage serein ; jamais pour former l'esprit national ils n'ont détruit cet esprit naïf et ingénu que l'homme apporte en sortant des mains de la nature. *Lycurgue* à Lacédémone , *Solon* à Athènes ne firent que réunir l'état de nature à l'état de société en adoucissant la grossièreté originelle et native par les lois de la civilité et de l'urbanité , et ils rendirent leurs habitans heureux et paisibles.

CHAPITRE V.

De la Formation de la Loi de Paix générale.

POUR établir solidement la paix générale il faut réunir tous les peuples sous l'observation du droit des gens, sans les confondre dans le droit civil, qui doit les séparer les uns des autres.

Chaque empire doit être considéré sous deux points de vue, relativement aux autres empires, et relativement à ses propres habitans : sous le premier rapport il est gouverné par des lois générales, et sous le second rapport il est gouverné par des lois particulières ; les unes s'exécutent par la voie des ambassadeurs, ou par la force si la négociation ne suffit pas ; et les autres s'exécutent par l'obéissance des sujets, ou par la rigueur des magistrats si l'invitation est inutile.

Quoique la forme de chaque gouvernement ne soit pas la même on peut unir extérieurement les peuples pour une commune conservation. Tous les états ne peuvent pas être fondus dans un seul et même gouvernement civil et politique, et avoir sous ce rapport un seul et même intérêt. *Lycurgue* pour donner aux habitans de Lacédémone un attachement réciproque établit parmi eux la communauté des biens, et forma son nœud civil des débris de tous les nœuds domestiques ; mais ici pour donner à toutes les nations de la terre des intérêts mutuels il ne faut pas former le nœud politique des débris de tous les nœuds civils ; car pour l'intérêt du genre humain, vu l'immense étendue de la terre, il faut qu'il y ait diverses nations qui aient des lois et des intérêts différens, sans pourtant être opposés.

Les peuples qui sont répandus sur la surface du globe diffèrent tellement de caractère, de principes, d'usages, de mœurs, d'opinions, de génie et de croyances religieuses, que ce serait une chose vraiment extraordinaire que les lois d'une nation pussent convenir à une autre ; cela est si vrai, que dans un empire très-étendu les lois ne sont jamais si bien observées que dans un petit état, non-seulement parce que la machine politique est plus compliquée, mais encore parce que l'esprit national changeant dans les différentes provinces à raison du climat, telle loi convient mieux aux habitans du Midi, et telle autre aux habitans du Nord.

Il faut donc former la réunion des peuples dans le droit des gens et hors du droit civil, en les rendant compatriotes par le premier de ces droits, et étrangers par le dernier; car le droit des gens, qui regarde tous les états en général, consiste dans le pacte que les peuples ont fait de se réunir tous contre celui qui l'enfreindrait; et le droit civil, qui regarde chaque état en particulier, consiste dans l'accord que les citoyens ont fait de se réunir contre celui qui le violerait.

Deux moyens doivent servir à pacifier les états; l'un est la séparation civile des peuples, et l'autre est leur réunion politique. Il faut que leurs intérêts soient particuliers dans le premier cas, et communs dans le second. Pourquoi le roi de Suède ne déclare-t-il point la guerre à l'empereur du Mogol, ni le roi d'Espagne à l'empereur de la Chine? Parce qu'ils ont un intérêt particulier bien distinct. Pourquoi le canton de Berne ne la déclare-t-il point au canton de Soleure? Parce qu'ils ont un intérêt commun bien uni. Or, on n'a pas encore assez distingué par le droit civil, ni assez confondu par le droit des gens tous les peuples de l'univers. (1)

Il n'est pas possible de bien régler la société civile et la société politique sans donner à chacune un gouvernement particulier ; il faut une constitution pour chaque peuple séparé, et il en faut une autre pour tous les peuples réunis : or, la première existe déjà, mais la seconde n'existe pas encore, et je vais essayer de la former pour l'établissement de la paix générale, en instituant un gouvernement politique qui ne sera que la perfection des gouvernemens civils.

---

(1) Si les différens peuples pouvaient être éloignés les uns des autres comme le siècle présent est éloigné des siècles passés, par ce moyen ils ne s'inspireraient plus aucune jalousie ni aucune crainte, et vivraient paisiblement : n'est-il pas vrai que les Persans d'aujourd'hui n'ont rien à craindre des Macédoniens d'autrefois ? Mais comme les états s'avoisinent les uns les autres, et forment différentes nations, on doit les réunir autant que possible par leurs rapports extérieurs sous le même droit des gens, et les séparer par les lois du droit civil, en fondant une bonne association parmi eux ainsi que parmi les citoyens ; car pour établir une bonne société politique il faut embrasser tous les rapports existans d'homme à homme et de peuple à peuple.

FIN DU SECOND VOLUME.

TABLE
DES MATIÈRES.

LIVRE QUATRIÈME.

De la Guerre dans ses rapports avec les différentes conditions de l'homme.

LIVRE CINQUIÈME

De l'Institution d'une Loi de Paix générale, considérée dans ses rapports avec le bien de l'humanité.

FIN DE LA TABLE DU SECOND VOLUME.

ERRATA DU SECOND VOLUME.

Page 40, lig. 20, au lieu de *signe* ; lisez *étendard*.

Page 86, lig. 21, au lieu de *François I*er, lisez *François II*.

Page 167, lig. 5, au lieu de *paraître*, lisez *fait paraître*.

Page 190, lig. 10, au lieu de *choses*, lisez *sur les choses*.

Page 226, lig. 16, au lieu de *François I*er, lisez *François II*.